Summ
Trennkost. Das Minuten-Kochbuch

Ursula Summ, Bestsellerautorin zahlreicher Trenn-
kostbücher, wurde 1947 in Hofheim/Ts. geboren.
Schwer übergewichtig und krank, entdeckte sie,
nach vielen vergeblichen Diätversuchen, 1978 die
Haysche Trennkost für sich selbst. Zum ersten Mal
fand sie wirkliche Hilfe und begann, diese Ernährung
weiterzuentwickeln und ihre Erfahrungen anderen
Menschen mitzugeben. Haben Sie Spaß an der
Trennkost gefunden? Dann können Sie sich über die
Website der Autorin www.trennkost.de mit anderen
Trennköstlern austauschen.

Ursula Summ

Trennkost

Das Minuten-Kochbuch

Über 140 Trennkost-Rezepte
von 5 bis 60 Minuten

TRIAS

EINSTIEG

REZEPTE

Liebe Leserin, lieber Leser,

die große Zahl der Trennkost-Begeisterten weiß es bereits, und falls Sie diese Ernährungsform noch nicht ausprobiert haben, werden auch Sie bald die Erfahrung machen: Trennkost hilft nicht nur beim Abnehmen, sondern verbessert auch Ihr Wohlbefinden – ohne dass Ihr Speiseplan dabei einseitig oder langweilig wird. Ganz im Gegenteil: Bei Trennkost ist Abwechslung erwünscht. Das vorliegende Buch bietet Ihnen eine breite Palette feinster Schlemmereien, die alle auf der Basis einer gesunden, vitamin- und mineralstoffreichen Ernährung ausgerichtet sind. Gesunde Ernährung kann so einfach sein! Falls Sie auf diesem Gebiet noch Neuling sind, dann wagen Sie sich jetzt beherzt an dieses interessante Thema heran. Beschreiten Sie neue Pfade. Entdecken Sie die wohltuende Wirkung dieser gesunden Ernährungsform – Sie werden überrascht sein, wie sehr Trennkost Ihre Lebensqualität verbessert.

Sie wollen mehr Vielfalt und Genuss beim Essen? Weniger Aufwand bei der Zubereitung? Entdecken Sie „Neues Kochen" mit Trennkost – für sich und Ihre Familie.

Variieren und kombinieren Sie nach Belieben, stimmen Sie, gemäß dem Kombiplan, Nahrungsmittel harmonisch aufeinander ab. Wählen Sie aus, was Sie gerne essen möchten und was bei der Zubereitung in Ihren Zeitrahmen passt. Denn in diesem Buch habe ich, wie Sie unschwer erkennen können, den Rezeptteil nach Zeitaufwand eingeteilt. Sie selbst bestimmen, entsprechend Ihrem individuellen Zeitbudget, ob eine Mahlzeit in 5 Minuten, 15, 30, 45 oder mehr Kochzeit fertig sein soll. So können Sie jeden Tag neu entscheiden, wie viel Zeit Sie für die Zubereitung der Trennkostmahlzeit einplanen möchten.

Lassen Sie sich von meinen Rezeptideen inspirieren. Fangen Sie einfach an und probieren Sie die Rezepte aus. Werden Sie beim Kochen kreativ und entwickeln Sie dabei Ihre eigenen Geschmacksvorlieben. Trennkost bereichert Ihren Speisezettel mit vielen neuen Ideen und erschließt Ihnen ungeahnte Variationsmöglichkeiten.

Ich wünsche Ihnen eine erlebnisreiche und schöne Zeit, viel Spaß beim Nachkochen und natürlich einen guten Appetit.

Herzlichst
Ihre Ursula Summ

Trennkost – ideal zu jeder Zeit

Die moderne Trennkostküche zeichnet sich aus durch gute Bekömmlichkeit, sie ist einfach in der Zubereitung und schmeckt köstlich. Gleichzeitig nehmen Sie mühelos ab. Und das Beste dabei: Egal, ob Sie viel oder wenig Zeit zur Vorbereitung haben – Sie finden immer passende Rezepte für tolle Gerichte!

Trennkost à la minute – einfach genial

Was tun an Tagen, an denen man trotz guter Vorsätze wenig Zeit zum Kochen hat? Die Lösung heißt Trennkost. Hier finden Sie neben aufwendigeren Rezepten auch „schnelle Gerichte", die köstlich schmecken.

Haben Sie die Trennkost schon einmal genauer in Augenschein genommen? Ist Ihnen aufgefallen, dass es die simpelste Kochmethode ist, die man sich vorstellen kann? Statt drei Speisen, wie es in der klassischen deutschen Küche üblich ist, bereiten Sie nur zwei Speisen zu. Das bedeutet: Zu Fleisch oder Fisch servieren Sie einfach Gemüse oder Salat. Stehen Kartoffeln, Nudeln oder Reis auf dem Plan, gibt es auch dazu Gemüse oder Salat.

Und nun kommt das i-Tüpfelchen zu dieser genial einfachen Formel: Sie wählen frei nach Ihrem Zeitplan die Kochzeiten aus. So haben Sie die Zubereitung der Mahlzeiten optimal im Griff, denn nur Sie wissen, ob Ihnen 5 Minuten, 15, 30, 45 oder mehr Zeit zum Kochen zur Verfügung stehen.

Auf diese Weise können Sie für Ihren täglichen Speiseplan stets Entscheidungen treffen, die Ihren individuellen Bedürfnissen ent-

sprechen. Schließlich ist die Situation eines jeden Menschen anders und nur Sie selbst sollen bestimmen, was Sie tun bzw. kochen möchten. Daher finden Sie in diesem Kochbuch ausschließlich Rezeptideen, die für Sie in Ihrem Alltag auch umsetzbar sind.

Eine Patentlösung für alle Fälle gibt es nicht. Dennoch werden Sie sehen: Diese Technik eines Zeitplans funktioniert auch bei Ihnen. Probieren Sie es einfach aus!

Wenn der kleine Hunger kommt

Ein weiterer Teil der Trennkoststrategie besteht darin, dass Sie sich nicht mehr vom Hunger überraschen lassen. Sicher kennen auch Sie die Situation, dass Sie von einem plötzlichen Heißhunger überfallen werden und hektisch nach Essbarem suchen, leider oft in Form von Fertignahrung, Chips oder Süßigkeiten. In diesen Nahrungsmitteln sind häufig Glutamat, Hefeextrakte, geschmacksverstärkende Aromen oder Süßstoffe enthalten, die den Appetit übermäßig anregen und dem Gehirn erneut „Hunger" signalisieren.

Um solche Situationen zu vermeiden, bedarf es einer gewissen Planung und Organisation. Sie sollten daher immer einen kleinen gesunden Snack im Kühlschrank bereithalten oder, wenn Sie auf Reisen gehen, im Handgepäck Nüsse und Rosinen oder eine Banane mitnehmen.

Natürlich werden auch Sie, trotz der guten Planung, immer wieder mal in alte Gewohnheiten verfallen, das ist ganz normal. Aber Sie werden sehen: Dank der Umstellung auf Trennkost werden Sie nicht mehr mit dieser unbändigen Gier essen, als stünden Sie kurz vor dem Hungertod.

Essen im Wandel der Zeit

Bedingt durch Fertigkost und Fast Food fehlt immer mehr Menschen das Gefühl für die Wertigkeit von Nahrungsmitteln. Dies fällt besonders bei Jugendlichen auf, die teilweise gar nicht mehr wissen, wo Milch, Käse, Wurst und Fleisch herkommen. Viele von ihnen kennen z. B. nicht einmal den Geschmack frischer Himbeeren oder es fällt ihnen schwer, etwa mit verbundenen Augen natürliche Nahrungsmittel am Geschmack zu erkennen. Man kann es ihnen noch nicht einmal verübeln, lässt doch die moderne Ernährung mit ihren ausgefeilten, oft künstlich hergestellten Geschmacksrichtungen, jede Natürlichkeit vermissen.

Obwohl bekannt ist, dass in fast allen Fertiggerichten Farbstoffe, Konservierungsstoffe und Geschmacksverstärker enthalten sind, greifen trotzdem viele, sei es aus Zeitnot oder auch nur der Bequemlichkeit halber, gerne auf fertige Mahlzeiten zurück. Dies ist in gewisser Weise verständlich – bei den vielen Pluspunkten, die die Fertigkost bietet: So ist sie meist denkbar einfach in der Zubereitung, schnell auf dem Tisch und zudem preiswert. Diese Entwicklung ist beunruhigend, lässt sie doch vermuten, dass es manchen Menschen egal ist, was sie essen. Wenn dann der Körper rebelliert, kommen nur wenige auf den Gedanken, der Fehlernährung eine Schuld an ihrer Erkrankung zuzuweisen.

Ernährungsbedingten Krankheiten beugen Sie am besten vor, indem Sie sich vollwertig ernähren: Salat, Gemüse, Obst, Vollkornerzeugnisse, Nüsse, Milchprodukte sowie mageres Fleisch und Fisch versorgen Ihren Körper mit allen lebenswichtigen Nährstoffen, die er braucht, um gesund zu bleiben.

wichtig

Trennkost lehnt industriell hergestellte Nahrung prinzipiell ab, denn diese schadet langfristig unserer Gesundheit. Die Vollwertigkeit der Nahrungsmittel ist eines der Grundprinzipien der Trennkost.

Gesundes Essen macht schlau

Wussten Sie, dass falsche Ernährung nicht nur zu Übergewicht und Krankheiten führen kann, sondern sich auch negativ auf unsere Gehirnleistung auswirkt? Wissenschaftlichen Untersuchungen zufolge[1] ist kein anderes Organ im Körper so stark von der Ernährung abhängig wie unsere berühmten grauen Zellen. Schon eine einzige Mahlzeit kann die Funktion des Gehirns günstig, aber auch ungünstig beeinflussen. Darum ist es für unsere geistige Leistungsfähigkeit und unsere Psyche, also auch unser seelisches Wohlbefinden und Verhalten, von größter Bedeutung, wie wir uns ernähren.

Bis vor kurzem galt das Gehirn mit seinen Funktionen als weitgehend „autonom". Erst in den letzten Jahren erkannten Hirnforscher die Risiken infolge einer Ernährung mit vorwiegend industriell bearbeiteten Lebensmitteln. Nahrungsmittel, denen wertvolle lebenswichtige Nährstoffe entzogen wurden, die

gleichzeitig mit Farbstoffen, Konservierungsstoffen, Geschmacksverstärkern und schlechten Fetten „aufgepeppt" und haltbar gemacht werden, haben, so die Studie, dramatische Folgen für die Hirntätigkeit. Durch diese Beeinflussung des Gehirns ginge die Intelligenz messbar zurück. Auch neurologische Erkrankungen wie Parkinson, Alzheimer oder Depressionen werden mit der Qualität unserer Ernährung in Verbindung gebracht. Sogar Kinder sind betroffen. Viele Schulkinder haben Konzentrationsschwächen und sind hyperaktiv – ihre Aufmerksamkeitsstörungen sind häufig ausgelöst durch fehlende wertvolle Nährstoffe und viele chemische Zusätze im Essen. Naturbelassene und vollwertige Lebensmittel hingegen wirken sich positiv auf die Hirntätigkeit aus.

Kleine Umstellung – große Wirkung

Es gibt viele Fälle, in denen Menschen, die unter gesundheitlichen Beschwerden litten, durch ein Schlüsselerlebnis zur Trennkost kamen. Durch die Ernährungsumstellung hörten nicht nur die körperlichen Beschwerden auf, sondern auch das seelische Gleichgewicht der Menschen wurde wiederhergestellt. Lassen Sie sich von ein paar dieser Fälle berichten (die Namen der Beteiligten wurden geändert). Sie alle zeigen: Trennkost funktioniert!

Alexandra S., 35 Jahre, verheiratet

»Ich war nicht nur übergewichtig, sondern auch ständig müde.

„Obwohl ich nicht berufstätig bin, empfinde ich meine Arbeit als Hausfrau und zweifache Mutter als Full-Time-Job. Mein Alltag ist mehr als ausgefüllt mit Haushalt, den Kindern und dem Hund. Doch trotz Treppensteigen, Spazierengehen und Gartenarbeit wurde ich mit

---

[1] Lesen Sie mehr darüber in: Grimm, Hans-Ulrich: Die Ernährungslüge. Wie uns die Lebensmittelindustrie um den Verstand bringt. Droemer Knaur Verlag, München 2005

den Jahren immer moppeliger und wog zuletzt 89 Kilo. Noch mehr als mein Übergewicht beunruhigte mich das Wasser in beiden Beinen und meine ständige Müdigkeit.

Auch um die Entwicklung meiner beiden Söhne machte ich mir Sorgen. Tobias, der ältere, brachte mit 12 Jahren bei einer Größe von 152 Zentimetern 62 Kilogramm auf die Waage. Weil er gehänselt wurde, wollte er nicht mehr am Sportunterricht teilnehmen. Torsten, der jüngere, hatte zum Glück keine Gewichtsprobleme, dafür zeigte er in der Schule schlechte Leistungen. Laut Aussage der Lehrer war er unaufmerksam und immer etwas zappelig.

Ich nahm unsere Gewohnheiten kritisch unter die Lupe: Konnte es an der falschen Ernährung liegen?

Das schlechte Gewissen klopfte bei mir an. Trug ich die Schuld an dieser Misere? War ich, was unsere Ernährung betraf, zu unachtsam? Tagelang beobachtete ich kritisch unsere Essgewohnheiten. Zugegeben, eine Fertig-Lasagne in den Ofen zu schieben ist einfacher, als eine Lasagne selbst zuzubereiten. Das leckere Kartoffelpüree aus der

Packung, die schmackhafte Salatsauce aus der Flasche – alles ist eine Frage der Zeit.

Dennoch, um meinem übergewichtigen Sohn zu helfen, musste ich als Vorbild fungieren und unsere Ernährung umstellen. Und nicht nur Tobias, auch Torsten, dem Kleinen, würden weniger Pizza und Pommes guttun. Mir war klar, dass es immer schwerfällt, Gewohnheiten zu ändern. Trotzdem wollte ich Nägel mit Köpfen machen. Eine Freundin erzählte mir voller Begeisterung von ihrer Ernährungsumstellung auf Trennkost. Sie erklärte mir, dass ich ja unter der Woche keine übermäßigen Kochanstrengungen unternehmen müsste, sondern dass auch eine kleine Gemüsesuppe mit Ei oder überbackene Ofenbrote wunderbar schmeckten. Auch Reste ließen sich fantastisch verarbeiten. Und wenn so richtig Lust zum Kochen aufkäme, dann könnte man ja auch Rezepte mit größerem Aufwand ausprobieren.

Sie drückte mir ein Trennkostbuch in die Hand, erklärte mir geduldig die Einzelheiten der Methode und welche Lebensmittel man miteinander kombinieren kann. Und ich ließ mich von ihrer Begeisterung anstecken.

Voller Elan ging ich die Sache an. Torsten war von dieser Essmethode sofort begeistert, bei Tobias dauerte es etwas länger. Ich erstellte einen Zeitplan, suchte nach einfachen und schnellen Rezepten und solchen, von denen ich wusste, dass sie auch Tobias schmecken.

Das neue Essen, die klügere Zeiteinteilung – auf einmal wurde alles besser.

Nach unserer Ernährungsumstellung auf Trennkost wurde auf einmal alles besser. Das neue Essen, die klügere Zeiteinteilung, das alles tat meinen Kindern und mir sehr gut. In sechs Monaten nahm Tobias 8 und ich 15 Kilogramm ab. Zu meinem Erstaunen hatte ich plötzlich keine geschwollenen Beine mehr, auch war ich nicht mehr permanent müde.

Tobias spielt wieder Fußball und möchte Torwart werden. Ich habe mir Laufschuhe gekauft und benutze sie jetzt regelmäßig. Die größte Freude machte mir Torsten. Aus dem einstigen Zappelphilipp wurde ganz allmählich ein aufmerksamer Junge. Trennkost ist in unserem Leben angekommen."

Joachim M., 46 Jahre, zurzeit Single

»Ich war immer schlank, darum aß ich, ohne nachzudenken.

„Als selbständiger Handelsvertreter hatte ich mir angewöhnt, tagsüber meinen Hunger auf die Schnelle an Imbissbuden zu befriedigen. Auch am Abend musste alles schnell gehen, darum war mein Kühl- und Gefrierschrank voll von Fertiggerichten. Ich aß, ohne auf meinen Körper zu hören. Irgendwann war es dann so weit: Mir wurde mein Magen zur Last. Im oberen Magenbereich verspürte ich leichte Schmerzen, zudem musste ich laufend aufstoßen. Mich plagte ein ständiger leichter Schwindel, verbunden mit einem dumpfen Druck in den Ohren, außerdem eine leichte Sehstörung am rechten Auge. An manchen Tagen kribbelten meine Beine so stark, dass ich meine Fahrt unterbrechen musste, um ein Stück zu laufen.

Mit einem Schlag wurde ich aus meiner heilen Welt herausgerissen. Das musste ich erst verdauen.

In einer Apotheke ließ ich mir vorsorglich den Blutdruck messen. 190 zu 95! Meine Befürchtung bestätigte sich. Der anschließende Arzt-

besuch gab mir den Rest: „Latenter Diabetes mit einem Langzeitzuckerwert von 6,3". Da ich kein Typ für Tabletten bin, war mir klar, dass ich meine Ernährung umstellen musste. So machte ich mich schlau und entschied mich kurzerhand für Trennkost: Keine komplizierten Regeln, lediglich die Nahrungsmittel verträglicher zusammenstellen, dazu mehr Gemüse und Salat. Das klang machbar.

Ich ging geschickt an die Sache heran, wollte nicht am Übereifer scheitern.

Ausgerüstet mit Thermoskanne und selbstbelegten Stullen, bewältigte ich von nun an meine arbeitsreichen Vormittage. Mittags ging ich zum Italiener, zum Chinesen oder zum Griechen. Probleme mit dem Essen tauchten keine auf. Fast jede Speisekarte ermöglichte es mir, eine Eiweiß- bzw. eine Kohlenhydratmahlzeit auszusuchen. Hatte ich zum Beispiel Appetit auf ein Fleisch-, Fisch- oder Eiergericht, dann wählte ich statt der üblichen Beilagen Kartoffeln, Nudeln, Reis

oder Brot die doppelte Portion Gemüse oder Salat. Entschied ich mich für ein Nudel-, Kartoffel- oder Reisgericht, dann aß ich auch hier einen großen Teller Salat dazu. Schon nach kurzer Zeit fiel mir auf, dass ich nach dem Mittagessen nicht mehr müde war und auf das gewohnte Nickerchen verzichten konnte. Die Abendmahlzeiten bedeuteten für mich die größte Umstellung. Müde nach einem arbeitsreichen Tag, war ich dankbar zu wissen, dass Trennkost mir auch schnelle Mahlzeiten bieten konnte. Das Thema Trennkost beschäftigte mich immer mehr, nachdem ich schon nach drei Tagen kein Sodbrennen mehr hatte und auch die Schmerzen im Oberbauch allmählich nachließen. Auch die übrigen Beschwerden verflüchtigten sich nach kurzer Zeit.

Zum Schrecken meiner Freunde entwickelte ich mich langsam zu einem übereifrigen Verfechter gesunder Ernährung. Trotzdem hatte ich sie neugierig gemacht und wurde oft gefragt: Was kochst du denn so?

Wenn alle beim Gemüseschnippeln mithelfen, macht gesunde Ernährung mit Trennkost noch mehr Spaß!

Was für mich nie denkbar war: Kochen machte mir plötzlich Spaß!

Zu ihrer Überraschung lud ich sie dann an einem Wochenende zu einem großen Trennkostmenü ein. Es herrschte allgemeines Erstaunen, als ich als Vorspeise einen italienischen Salat, als Hauptgericht einen Bohnenauflauf mit Hackklößchen und als Dessert marmorierte Beerengrütze servierte.

Es wurde eine lange Nacht voll heißer Diskussionen. Mit einleuchtenden Argumenten gelang es mir, Vorurteile gegen Trennkost auszuräumen. Gemeinsam stellten wir fest, dass eine simple Veränderung der Ernährungsweise gar nicht so schwer und im Grunde alles eine Frage der Gewohnheit ist.

Ich habe Glück gehabt und mir wird immer bewusster: Gesundheit, das ist ein Weg, den man gehen muss.

Die freudigste Nachricht erhielt ich Tage später von meinem Hausarzt: Meine Blutzuckerwerte hatten sich nach drei Monaten Trennkost wieder normalisiert."

Ellen B., 52 Jahre, verheiratet

» Mein geistiges und körperliches Tief brachten mich völlig aus dem Konzept.

„Lange Zeit nahm ich es nicht ernst und eigentlich fehlte mir ja nichts. Trotzdem, ich war müde, schlapp und unkonzentriert, manchmal auch ein bisschen schwermütig. Ich quälte mich durch den Tag und wusste nicht, wie ich meine Kraftlosigkeit überwinden sollte, hatte ich doch als Verkaufsleiterin eine verantwortliche Position und wollte meinen Arbeitsplatz nicht gefährden.

Auch mein natürliches Sättigungsgefühl war mir abhanden gekommen. Obwohl nach einer Mahlzeit mein Magen gut gefüllt war, gierte ich nach Süßigkeiten. Dies machte sich natürlich mit der Zeit auch gewichtsmäßig bemerkbar. Früher immer gertenschlank, ging ich plötzlich in die Breite. Ich schob es auf die Wechseljahre, denn auch Hitzewallungen machten mir immer wieder zu schaffen.

Ich brauchte dringend Hilfe. Eine Freundin gab mir die Adresse einer Heilpraktikerin.

Erst der Besuch einer Heilpraktikerin brachte mir Klarheit. Während der ausführlichen Befragung und Untersuchungen musste ich zugeben, dass ich aufgrund meines stressigen Berufes sehr unregelmäßig und hastig aß. Auch dass ich nach einem langen Arbeitstag immer häufiger zu Fertiggerichten griff.

Die Heilpraktikerin hörte mir aufmerksam zu und kam zu dem Schluss, dass mein unkontrolliertes, zudem vitamin- und mineralstoffarmes Essen mich in diese missliche Lage gebracht hätten. Mein Körper sei elektrolytisch unterversorgt, wovon auch die Gehirnmechanismen betroffen seien. Sie erklärte mir mit einfachen Worten die Zusammenhänge zwischen Ernährung und Hirntätigkeit und dass auch das seelische Wohlbefinden eng mit der Ernährung in Verbindung stünde.

Weiter meinte sie, dass ein Fünftel der Energie, die unser Körper verbrennt, unsere grauen Zellen verbrauchen würden und dass darum dieses hochsensible Organ besonders gut mit Vitaminen und Mineralstoffen versorgt werden müsse. Fehlten dem Gehirn diese Stoffe, dann würde dies die Stimmung trüben, im schlimmsten Fall drohe geistiger Abbau. Ich war erstaunt: Dass auch die Psyche von unserer Ernährung beeinflusst würde, war mir neu.

Zu meiner Überraschung stellte die Heilpraktikerin mir einen Ernährungsplan frei nach Trennkost zusammen und verschrieb mir zusätzlich ein homöopathisches Mittel.

Langsam begann ich meinen Perfektionismus abzulegen und fing an, verschiedene Arbeitsgänge elegant auf andere zu übertragen.

Ich wusste, sie hatte Recht. Um wieder gesund und lebensfroh zu werden, musste ich nicht nur meine Ernährung umstellen, sondern auch beruflich einiges umstrukturieren. Ich überdachte meine Situation und kam zu dem Schluss: Das Leben besteht nicht nur aus Arbeit, Hetze und kurzen Verschnaufpausen. Das Zauberwort hieß: „Delegieren!" Nach und nach begann ich, zur Verwunderung aller Beteiligten, diverse Arbeitsgänge auf andere zu übertragen.

Zu meinem Erstaunen funktionierte es! Plötzlich verfügte ich über mehr Zeit und konnte sogar am betrieblich organisierten autogenen Training teilnehmen. Diese Erfahrung festigte mich ungemein und gab mir mehr innere Ruhe und Ausgeglichenheit.

Meine Stimmung ist seither viel besser geworden, ich fühle mich richtig befreit.

Heute, nach diesen Erkenntnissen, habe ich meine Essgewohnheiten viel besser im Griff. Der Einfachheit halber erstelle ich mir, immer drei Tage im Voraus, gut übersichtliche Speisepläne und schreibe die passenden Einkaufslisten dazu. So kann mir auch mein Mann unter die Arme greifen und Besorgungen machen.

Als weiteres simples Hilfsmittel dient mir ein einfaches Schulheft. Hier notiere ich Rezepte, die besonders gut schmecken und mir von der Zeiteinteilung her entgegenkommen. Dieses „Kochbuch" ist inzwischen allgemein beliebt und ich musste davon schon einige Kopien für meine Kinder und Freundinnen anfertigen. Auch mit den Vitaminen bin ich heute ganz heikel und achte mehr auf natürliche Speisen.

Was gibt's heute Leckeres? Planen Sie Ihre Trennkostmahlzeiten doch mal gemeinsam mit Ihrem Partner!

Die Mühe hat sich gelohnt. Meine Stimmung hat sich aufgehellt und es geht mir wirklich von Tag zu Tag besser. Heißhungerattacken gibt es nur noch ganz selten. Ich fühle mich unendlich befreit und genieße meine wiedergewonnene Heiterkeit. Heute weiß ich: Wäre ich nicht krank geworden, ich hätte diese Vorteile der Trennkost nie kennen und schätzen gelernt.

Let's go Trennkost!

Um die ganzheitliche Wirkung der Trennkost zu begreifen, ist es sinnvoll, sich zunächst einmal mit den Funktionen des Verdauungsapparates zu beschäftigen. Wichtig ist es in diesem Zusammenhang zu wissen, dass Kohlenhydrate und Eiweiße mit unterschiedlichen Verdauungssäften aufgespalten, zersetzt und verdaut werden. Kohlenhydrate kommen reichlich in Getreide, Brot, Nudeln, Kartoffeln, Reis und Zucker vor. Eiweiß ist vor allem in Fleisch, Fisch, Käse, Milch und Eiern enthalten.

Wie entstehen Verdauungsbeschwerden?

Die Kohlenhydratverdauung unterliegt einem basischen Prozess und beginnt bereits im Mund. Die Eiweißverdauung ist von Säure abhängig und beginnt erst im Magen. Werden nun innerhalb einer Mahlzeit reichlich Kohlenhydrate und Eiweiße zusammen gegessen, kann der Akt der Verdauung für den Organismus zur Schwerstarbeit werden. Eine weitere wichtige Rolle im Verdauungsprozess spielt die Bauchspeicheldrüse. Dieses lebensnotwendige Organ reguliert nicht nur den Blutzuckerspiegel, sondern bildet zusätzlich basische Verdauungsenzyme, die dafür zuständig sind, die vorverdauten Kohlenhydrate, Eiweiße und Fette im Dünndarm vollständig zu zerlegen.

Leider verlaufen diese Verdauungsvorgänge nicht immer reibungslos. Werden z. B. Nahrungsmittel zu oft in zu großen Mengen verzehrt, zudem kunterbunt durcheinander gegessen, kann es durch die Überbelastung der Bauchspeicheldrüse zu einer unzureichenden Verdauung kommen. Unvollständig verdaute Nahrungsbestandteile, die zu lange im Darm liegen, beginnen, bedingt durch Wärme und Feuchtigkeit, zu gären und zu faulen, wobei sich Alkohol und Kohlensäure bilden. Aus der Verdauungsfabrik wird eine Gasfabrik, was sich durch einen aufgeblähten Bauch, ein unangenehmes Völlegefühl oder durch Koliken bemerkbar machen kann.

Doch nicht nur die Gasbildung macht dem Körper zu schaffen, betroffen ist auch die Leber. Denn die Dünndarmschleimhaut, ausgestattet mit Millionen winziger Darmzotten, nehmen nicht nur gute, sondern auch die teils verfaulten Nahrungsbestandteile auf und transportieren sie zur Leber. Die Leber, unser zentrales Entgiftungsorgan, ist gezwungen, alle ankommenden Stoffe anzunehmen, diese zu entgiften, um- und abzubauen, um sie anschließend an Organe und Zellen weiterzuleiten. Ungünstig zusammengestellte Nahrung belastet also nicht nur unser Verdauungssystem, sondern auch so wichtige Organe wie die Leber.

Die Kombination macht's

Besonders magen- und darmempfindliche Menschen reagieren nach falsch kombinierten Speisen oft mit saurem Aufstoßen und schlechter Verdauung. Auch macht vielen Menschen nach dem Essen eine bleierne Müdigkeit zu schaffen.

Kombiniert man dagegen die Speisen innerhalb einer Mahlzeit harmonisch miteinander, werden die Verdauungsorgane spürbar entlastet. Das heißt konkret: Innerhalb einer Mahlzeit sollten Sie stark eiweißhaltige Speisen nicht zusammen mit stark kohlenhydrathaltigen Speisen verzehren. Neutrale Speisen hingegen können sowohl

WISSEN

Säure- und basenbildende Nahrungs- und Genussmittel

Stark säurebildend:

Fleisch- und Wurstwaren, Fisch- und Meeresfrüchte, Käse, Eier, Weißmehlprodukte, Hülsenfrüchte, Pommes frites, Kartoffelchips, raffinierter Zucker, Süßwaren, gehärtete Pflanzenfette, raffinierte Öle, Limonaden, Kaffee, schwarzer Tee, Kakao, alkoholische Getränke, Nikotin

Mittel bis schwach säurebildend:

Getreide, Vollkornprodukte, Quark, gesäuerte Milchprodukte

Stark basenbildend:

Gemüse, Salate, Kartoffeln, Keimlinge, Sprossen, frische Kräuter, reifes Obst, Sahne

Mittel bis schwach basenbildend:

Pilze, frisch gepresste Säfte, Butter, Nüsse, Trockenobst

---

mit eiweiß- als auch mit kohlenhydratreichen Lebensmitteln kombiniert werden (siehe auch Kombiplan S. 22). Wenn Sie dieses Prinzip beherzigen, werden Sie feststellen: Schon nach kurzer Zeit verschwinden die Beschwerden und selbst nach einer üppigen Mahlzeit fühlen Sie sich energiegeladen und die Müdigkeit ist wie weggeblasen.

Von Säuren und Basen

Ein weiterer wichtiger Punkt bei der Trennkost ist die Beachtung des Säure-Basen-Gleichgewichts. Säuren entstehen im Körper vorwiegend während des Verbrennungsprozesses als saure Zwischen- und Endprodukte des Eiweiß-, Kohlenhydrat- und Fettabbaus. Aber nicht nur eine ungesunde Ernährung, auch Stress, Lärm, Angst und bestimmte Medikamente können eine Gewebsübersäuerung begünstigen. Immer wenn säurereich gegessen wird, müssen ausreichend Basen (alkalische Mineralien) als Ausgleich zur Verfügung stehen. Denn eine Gewebsübersäuerung ist schädlich. Fast alle Organe, Gewebe und Zellen werden durch übermäßige Säuerung gestört oder geschädigt, machen uns dadurch krank und lassen uns vorzeitig altern. Die schlimmsten Erkrankungen, die durch jahrelange Übersäuerung mit verursacht werden, sind Herzinfarkte, Schlaganfälle und Krebs. Um sich vor diesen Schäden durch übermäßige Übersäuerung zu schützen, verfügt der Organismus zum Glück über ein gut funktionierendes Puffersystem. Doch mit dem Älterwerden wächst zunehmend die Gefahr, dass Körperzellen und Gewebe übersäuern – daher die Häufigkeitszunahme von Stoffwechselkrankheiten im Alter.

Mit Basen die Übersäuerung ausgleichen

Basen, auch Laugen genannt, sind die Gegenspieler der Säuren. Sie haben eine alkalisierende und ausgleichende Wirkung den Säuren gegenüber. Vitamine, Mineralstoffe, Enzyme und Spurenelemente, die sich in Gemüse, Salat, Rohkost, Obst, Keimlingen, Kernen, Samen und Kartoffeln befinden, üben diesen ausgleichenden Einfluss auf unseren Säure-Basen-Haushalt aus. Ohne Vitamine und Mineralien geht gar nichts. Sie sind die Akkordarbeiter im Energiestoffwechsel und sollten im Ausgleich zu den Säuren reichlich verzehrt werden.

So wird der Einstieg kinderleicht

Das Trennen der einzelnen Nahrungsmittel innerhalb einer Mahlzeit ist gar nicht so schwierig, wenn man das System erst einmal erkannt hat.

Studieren Sie zuerst den gut übersichtlichen Kombiplan (siehe Seite 22). Hier sind die eiweißreichen Nahrungsmittel blau, die kohlenhydratreichen orange und die neutralen Nahrungsmittel grün markiert. Diese farblichen Markierungen helfen Ihnen bei der Umstellung auf die neue Ernährungsweise.

Wie zuvor beschrieben, ist es für die Verdauung ungünstig, wenn zu einer stark kohlenhydrathaltigen Mahlzeit reichlich Eiweiß gegessen wird oder umgekehrt. Damit die Mahlzeiten aber nicht in Eintönigkeit enden, steht uns eine dritte Kategorie zur Verfügung. Sie umfasst die neutrale Gruppe, auch Kombis genannt, und kann sowohl mit eiweißreicher als auch mit kohlenhydratreicher Nahrung zusammen verzehrt werden.

Neutral bedeutet nicht, dass diese Lebensmittel kalorienarm sind, sondern vielmehr, dass die Speisen weder den Verdauungsprozess der Eiweiße noch den der Kohlenhydrate behindern. Sie harmonieren mit allen Lebensmitteln und können daher sowohl mit eiweißreichen als auch mit kohlenhydratreichen gemeinsam verzehrt werden.

Doch Vorsicht, einige dieser neutralen Nahrungsmittel sind sehr gehaltvoll! Daher wurde die Gruppe auf den Seiten 22/23 in zwei Teile gegliedert: Lebensmittel aus Teil eins bitte nur sparsam verwenden, bei Teil zwei können Sie unbegrenzt zugreifen.

Die Erklärung der Neutralen

Immer wieder tauchen Fragen auf, warum gesäuerte Milchprodukte, rohes Fleisch bzw. roher Fisch sowie verschiedene Käsesorten zur neutralen Kost zählen, obwohl diese Nahrungsmittel doch eindeutig stark eiweißhaltig sind. Die Erklärung dafür liegt in der leichteren Verdaulichkeit dieser Nahrungsmittel und nicht, wie vielleicht angenommen, in ihrem Eiweißgehalt.

Nützliche Verdauungshelfer: die Milchsäurebakterien

So sind zum Beispiel Joghurt, Quark, Kefir oder andere gesäuerte Milchprodukte stark eiweißhaltig, aber dennoch neutral. Milchsäurebakterien leisten hier bei der Verdauung schon gute Vorarbeit, denn sie verändern durch den Säuerungsprozess die Struktur der schwer verdaulichen Milch und machen diese somit leichter verdaulich.

Des Weiteren zählen alle Käsesorten, die aus naturbelassener roher Milch geschöpft und hergestellt werden, zur neutralen Gruppe. Sie sind, ebenso wie Quark, durch Milchsäurebakterien gesäuert und damit leichter verdaulich. Bei pasteurisierten Käsesorten fehlt oftmals die natürliche Säuerung, dadurch sind sie etwas schwerer verdaulich und zählen zu den Eiweißen.

Auch rohes Fleisch und roher Fisch – wie Tatar, roher Schinken, luftgetrocknete Salami oder Matjes, Hering oder Lachs – sind zwar eiweißreiche Nahrungsmittel, zählen aber dennoch zur neutralen Kost. Der Grund liegt hier in ihrer im rohen Zustand unveränderten Zellstruktur. Erst durch Kochen oder Erhitzen verändert sich die Zellhaut, indem sie sich verdichtet und verhärtet. Dadurch werden Fleisch und Fisch schwerer aufspaltbar, gleichzeitig auch schwerer verdaulich.

Sehr fettreiche Nahrungsmittel bitte nur in Maßen genießen

Zu den neutralen Lebensmitteln gehören auch alle Fette, gute Öle und Butter sowie Sahne und vollfetter Käse ab 60 Prozent Fettgehalt. Auch heiß geräucherte Fische wie Makrele, Sprotten, Heilbutt oder ähnliche Fische sind wegen des hohen Fettgehalts neutral. Der Begründer der Trennkost, Dr. Howard Hay[2], erklärte dies damit, dass Fette nicht im Magen, sondern erst im oberen Teil des Dünndarms verdaut werden und somit weder die Eiweiß- noch die Kohlenhydratverdauung stören.

Ganze Eier zählen zur Eiweißverdauung, das Eigelb selbst zur neutralen Gruppe. Es hat zwar einen höheren Eiweißgehalt als das Eiklar selbst, gleichzeitig aber einen noch höheren Fettgehalt. Daher gehört das Eigelb zur neutralen Kost.

wichtig

Die in fettem Fisch enthaltenen wertvollen Omega-3-Fettsäuren gelten als cholesterinsenkend und besitzen nachweislich eine Schutzwirkung auf Herz und Gefäße – ein guter Grund, ihn trotz des hohen Kaloriengehalts immer wieder mal auf den Speisezettel zu setzen.

Obwohl diese Nahrungsmittel unsere Verdauung nicht ungünstig beeinflussen, sollten Sie, eben wegen des hohen Fettgehalts, sparsam mit ihnen umgehen.

Genuss ohne Reue: Da roher Schinken zu den Neutralen zählt, harmoniert er mit eiweiß- und kohlenhydratreicher Kost.

---

[2] Ein Kurzporträt über Dr. Howard Hay finden Sie auf S. 65

Kombiplan

Kohlenhydrathaltig

- **Vollkorngetreide und -erzeugnisse**
  Hafer, Gerste, Hirse, Weizen, Roggen, Vollkornbrot, Vollkornbrötchen, Kuchen und Gebäck aus Vollkornmehl, Vollkornnudeln, Nudeln aus Hartweizengrieß, Naturreis, Kartoffeln
- **Obst**
  Bananen, mürbe Äpfel, frische Feigen, frische Datteln, ungeschwefeltes Trockenobst

- **Süßungsmittel**
  Ahornsirup, Honig, Birnen- und Apfeldicksaft
  Diese Süßungsmittel dürfen in kleinen Mengen auch zum Abschmecken von Eiweißgerichten verwendet werden.
- **Sonstiges**
  Kartoffelstärke, Puddingpulver, Bier

Kohlenhydrathaltige Lebensmittel

Neutrale Lebensmittel, Teil 1

Diese Nahrungsmittel sparsam verwenden!

- **Fette**
  kalt gepresste Öle, Butter, ungehärtete Margarine und Plattenfette, Soja- und alle gesäuerten und vollfetten Milchprodukte (z. B. Joghurt, saure Sahne, Quark, Buttermilch, Dickmilch, süße Sahne, Kaffeesahne), Crème fraîche, Sojacreme, Tofu
- **Neutraler Käse**
  alle Käsesorten über 60 % Fett i. Tr. und solche, die aus naturbelassener, roher Milch geschöpft und hergestellt werden (z. B. Allgäuer Emmentaler, Appenzeller, Greyerzer, Raclettekäse, Parmesan, Saint Albray)

- **Rohe luftgetrocknete oder rohe geräucherte Wurstwaren**
  Bündner Fleisch, roher Schinken, Lachsschinken, Salami, Debacreziner, Tatar (rohes Fleisch nur ganz frisch verwenden!)
- **Rohe, marinierte oder geräucherte Fischsorten**
  Räucherlachs, Matjeshering, Bismarckhering, Schillerlocken, Forelle, Makrele, Aal, Bückling
- **Nüsse und Samen**
  Haselnüsse, Walnüsse, Mandeln, Kokosnuss, Sonnenblumenkerne, Sesam, Mohn (Erdnüsse bitte meiden, sie sind schwer verdaulich.)

Neutrale L

- **Milde Essigsorten**
  Obstessig, Brottrunk, Feigenessig, sehr alter Balsamico, vergorenes Molkekonzentrat (Molkosan)

Eiweißhaltige Lebensmittel

Eiweißhaltig

- **Gegarte Fleischsorten**
  Bratenfleisch, Rouladen, Gulasch, Steaks, Hackfleisch, Putenschnitzel, Gans, Ente
- **Gegarte Fischsorten**
  Seelachs, Kabeljau, Lachs, Rotbarsch, Heilbutt, Thunfisch, Forelle
- **Alle Käsesorten, die erhitzt wurden**
  z. B. Edamer, Esrom, Fol Epi, Gouda, Havarti, Tilsiter, Eier und Milch aller Fettstufen

- **Obst**
  Ananas, Aprikosen, frische Äpfel, Birnen, Erdbeeren, Grapefruits, Himbeeren, Johannisbeeren, Kirschen, Kiwis, Mandarinen, Mangos, Litschis, Orangen, Papayas, Pfirsiche, Pflaumen, Zitronen
- **Getränke**
  Obstsäfte, Apfelwein, Weiß-, Rot- und Roséwein, Sekt
- **Sonstiges**
  gekochte Tomaten, Essig

...nsmittel

Neutrale Lebensmittel, Teil 2

Diese Nahrungsmittel können reichlich verwendet werden!

- **Gemüse und Salate**
  Auberginen, Artischocken, Avocados, Brokkoli, Blumenkohl, grüne Bohnen, Chicorée, Chinakohl, Eisbergsalat, Endiviensalat, grüne Erbsen, Feldsalat, Fenchel, Gurken, Knoblauch, Kohlrabi, Kopfsalat, Lauch, frischer Mais, Mangold, Melonen, Möhren, Paprikaschoten, Peperoni, Radieschen, Rettich, Rote Bete, Rosenkohl, Rotkohl, Sauerkraut, Sellerie, Spargel, Spinat, rohe Tomaten, Grünkohl, Schwarzwurzel, Topinambur, Weißkohl, Wirsing, Zucchini, Zwiebeln

- **Pilze**
  Austernpilze, Champignons, Pfifferlinge, Steinpilze oder andere Waldpilze
- **Sprossen und Keime**
  Mungobohnenkeimlinge, Alfalfa, Radieschensprossen oder andere Keimlinge
- **Sonstiges**
  Rosinen, Heidelbeeren, Oliven, Hefe, Gemüsebrühe, Eigelb, Gelatine, Agar-Agar, Biobin, Kräuter, Gewürze, Senf, Kräutertees, Stevia

Praktische Zeitspartipps

Wahl der Zubereitungszeit. Eine gute Planung ist nicht nur im Berufsleben von größtem Wert – auch die private Haushaltsplanung erleichtert den Alltag ungemein. Um Ihnen hier behilflich zu sein, habe ich Ihnen für Ihre Zeitplanung beim Kochen die Rezepte nach einem klaren Rhythmus eingeteilt. Sie können nun nach diesen Vorschlägen selbst entscheiden, wie viel Zeit Sie in die Zubereitung Ihrer Mahlzeit investieren möchten – ob das Essen in 5, 15, 30 oder 45 Minuten Kochzeit fertig sein soll oder die gesamte Zubereitung auch eine Stunde oder länger dauern darf. Dann wählen Sie innerhalb dieser Zeitschiene ein Gericht nach Ihrem Geschmack aus. Die angegebenen Kochzeiten wurden natürlich praktisch erprobt, doch bedenken Sie beim Nachkochen, dass es auch auf Ihre Übung und die Ausstattung Ihrer Küche ankommt.

Zeitsparende Küchengeräte. Zum Pürieren von gekochtem Gemüse hat sich ein elektrischer Schneidstab mit viel Power bewährt. Zum Raspeln nehmen Sie am besten einen bewährten Gemüsehobel, der gerne auf Märkten angeboten wird. Zum Würfeln und Zerkleinern von Tomaten, Zwiebeln, Gurken, Kartoffeln, Äpfeln und anderen Gemüse- und Obstsorten ist es am zeitsparendsten, wenn Sie einen Zerhacker, ein scharfes Messer oder eine elektrische Küchenmaschine benutzen.

Praktisch: die Frischhaltebox. Doch nicht jedes Gemüse oder jeder Salat muss aufwendig geraspelt oder klein geschnitten werden. Sorten wie Paprikaschoten, Kohlrabi, Möhren, Gurken, Radieschen, Fenchel, Tomaten, Brokkoli oder Champignons brauchen nur gewaschen, geputzt und in Stücke geschnitten zu werden. Das gesäuberte Gemüse oder der Salat halten sich anschließend, in einer Frischhaltebox im Kühlschrank aufbewahrt, ein bis zwei Tage frisch und Sie können sich so portionsweise bedienen. Auf diese Weise können Sie auch kleine Mahlzeiten zubereiten und es entstehen keine Reste.

Kochen auf Vorrat. Viel Zeit sparen Sie, wenn Sie mehr kochen, als Sie für ein Gericht benötigen. So lassen sich Kartoffeln, als Pellkartoffeln in doppelter Menge gegart, anschließend in verschiedenen Variationen zubereiten. Zum Beispiel als Pellkartoffeln mit Matjes in Zwiebel-Apfel-Sauce oder als bunter Kartoffelsalat. Auch Nudeln, in doppelter Menge gekocht, können als zweite Mahlzeit einfach in wenig Butter geröstet oder kalt zu einem Nudelsalat verarbeitet werden.

wichtig

Die Zubereitung der Speisen gelingt Ihnen leichter, wenn Sie sich im Vorfeld das gesamte Rezept sorgfältig durchlesen. Stellen Sie anschließend alle Zutaten griffbereit zusammen. Achten Sie auf beste Qualität der Ware, denn dies ist maßgebend für ein gutes Gelingen.

Variationen mit Reis. Bestens geeignet für die doppelte Verwendung ist Reis. Reis ist darum so beliebt, weil man ihn in sehr vielen verschiedenen Geschmacksvarianten zubereiten kann. Er schmeckt warm ebenso gut wie kalt und lässt sich süß, aber auch pikant zubereiten. Hirse oder Dinkel lassen sich ähnlich wie Reis behandeln und schmecken in einer süßen wie auch in einer pikanten Variante.

Gemüse – immer ein Genuss. Planen Sie bei der Zubereitung von Gemüse schon gleich für die nächste Mahlzeit mit. Speziell gedünstetes Gemüse eignet sich zum warm und kalt Essen. Zum Beispiel gedünsteter Blumenkohl: ihn können Sie frisch gekocht mit Sauce servieren, dann den Rest am nächsten Tag essen, abgewandelt zu einem Blumenkohlsalat, zu einer Suppe oder zu einem Auflauf. Genauso können Sie mit grünen Bohnen, Brokkoli, Möhren oder mit Spargel verfahren. Mit dem Pürierstab lassen sich aus übrig gebliebenem Gemüse und Kartoffeln, zusammen mit Gemüsebrühe und etwas saurer Sahne, schnell schmackhafte Suppen zubereiten.

Fleisch einfach einfrieren.
Auch Fleischgerichte lassen sich sehr gut auf Vorrat zubereiten. Kochen Sie Gulasch, Braten oder Rouladen in doppelter Menge und frieren Sie die restlichen Portionen ein. Sie können so jederzeit auf eine kleine Palette von gesunden, fertigen Speisen zurückgreifen.

Das sollte immer im Haus sein.
Damit Sie die folgenden Rezepte problemlos nachkochen können, sollten Sie sich nach und nach einen kleinen Vorrat an lagerfähigen Nahrungsmitteln zulegen. Dazu gehören Kartoffeln, Naturreis,

Nudeln ohne Ei, Getreide, Gewürze und ein gutes Öl. Ebenso wichtig für die schnelle Zubereitung leckerer Mahlzeiten sind Joghurt, Quark, Sahne, Eier und eventuell Käse zum Überbacken.

Tiefkühlkost spart Zeit.
Besonders bequem wird das Kochen durch Tiefkühlkost. Im Handel sind mittlerweile fast alle Gemüsesorten erhältlich, von Blumenkohl über Rotkohl bis hin zu Zucchini – fix und fertig geputzt und zerkleinert oder auch praktisch in kleine Päckchen portioniert. Wählen Sie hier die naturbelassenen Gemüsesorten aus, möglichst ohne die darin befindlichen Rahmsaucen. Ebenso gut für eine schnelle Zubereitung geeignet ist eine Auswahl an verschiedenen tiefgefrorenen Kräutern, Suppengrün, Knoblauch und Zwiebeln. Tiefgekühlt stehen auch Erdbeeren, Himbeeren, Kirschen oder Heidelbeeren das ganze Jahr über für köstliche Desserts zur Verfügung. Natürlich ist frisches Gemüse vom Markt dem gefrorenen Gemüse aus dem Gefrierschrank immer vorzuziehen, doch Tiefkühlprodukte kommen, was die Wertigkeit der Nährstoffe, z. B. den Vitamin- und Nährstoffgehalt betrifft, gleich hinter frischem Gemüse vom Bauern.

So einfach war Trennkost noch nie

Die Vorteile der modernen Trennkostküche liegen auf der Hand: Es gibt kein kompliziertes Zubereiten der Speisen – statt wie früher drei bereiten Sie höchstens zwei Speisen für eine Mahlzeit zu. Auch brauchen Sie keine Spezialgeschäfte für den Lebensmitteleinkauf: Sie finden alle benötigten Zutaten im Supermarkt, viele werden auch ganz frisch und daher besonders vitaminreich auf dem Wochenmarkt angeboten. Dank der vorgegebenen Kochzeiten ist es für Berufstätige ebenso einfach, sich mit Trennkost zu ernähren, wie für die Hausfrau oder den Hausmann. Vegetarier kommen genauso zu ihrem Recht wie Fleisch- oder Fischesser – denn jeder isst, was ihm schmeckt, lediglich unter Berücksichtigung der harmonischen Zusammenstellung der Lebensmittel. So erreichen Sie, ohne zu hungern, Ihr Wunschgewicht und fühlen sich einfach rundum wohl in Ihrer Haut!

Mengenplan

Mithilfe dieses Plans brauchen Sie keine Kalorien oder
Fette mehr zu zählen. Hier sehen Sie, welche Mengen für
die Kategorien Frühstück, Hauptgericht oder Snack für
1 Person angemessen sind. Einfach und schnell, ohne
sich kasteien zu müssen, erreichen Sie mit diesem Plan
Ihr Wohlfühlgewicht.

Ganz wichtig: Trinken Sie jede Stunde 1 Glas Wasser.

Snacks

- 200 g frisches Obst der Saison
- Rohkost in beliebiger Menge
- 100 g Obst, dazu ⅛ l Milch
- 200 g angesäuerte Milchprodukte wie
  z. B. Kefir, Buttermilch, Trinksauermilch,
  Joghurt

Frühstück

**Sie haben die Wahl zwischen einem Obstfrüh-
stück, einem eiweißreichen und einem kohlenhydratreichen Frühstück.**

Obst-Frühstück (neutral)

Frisches Obst der Saison in beliebiger Menge. Bei-
spiele: Ananas, Erdbeeren, Himbeeren, Brombeeren,
Äpfel, Birnen, Pfirsiche, Aprikosen, Kiwi, Kirschen,
Mirabellen, Nektarinen (siehe Kombiplan).

Hinweis: Mischen Sie fruchtsäurehaltige Obstsorten
nicht mit Bananen, Feigen oder Datteln.

Eiweißreiches Frühstück

2 Eier in jeder Form und Zubereitungsart: gefüllte
oder gekochte Eier, Omelette, pochierte Eier, Rühr-
oder Spiegeleier.
Dazu in beliebiger Menge: Tomaten, Gurken, Paprikaschoten, Radieschen oder ein anderes Gemüse, aber
kein Brot.

Mittag- & Abendessen

Kohlenhydratreiches Frühstück

- 1 Scheibe Vollkornbrot (50 g) oder 1 Vollkornbrötchen oder
- 3 Scheiben Vollkornknäckebrot; diese dünn mit
  Butter bestreichen und mit Folgendem belegen
  bzw. bestreichen:
- 30 g Wurst (ca. 3 dünne Scheiben) oder
- 30 g Käse (ca. 1 Scheibe) oder
- 50 g Quark (ca. 2 EL)

Dazu in beliebiger Menge: Tomaten, Gurken, Paprikaschoten, Radieschen oder ein anderes Gemüse.

Hinweis: Da es keine hundertprozentige Trennung
der Nahrungsmittel gibt, können Sie das Brot mit
30 g Wurst oder Käse nach Wahl belegen. Weitere
Ideen für Brotbelag siehe Kombiplan oder Rezeptteil.

- Müsli

Hinweis: Getreideflocken oder Müslis nicht mit
fruchtsäurehaltigen Obstsorten kombinieren. Auch
keine Milch verwenden, da diese in Verbindung mit
Kohlenhydraten noch schwerer verdaulich wird. Har-
monischer werden Müslis mit kohlenhydratreichen
Obstsorten und mit gesäuerten Milchprodukten oder
Sahne-Wasser-Gemisch (⅓ Sahne auf ⅔ Wasser)
oder Reismilch. Wenn Sie auf Ihren Kaffee oder
schwarzen Tee nicht verzichten möchten, verfeinern
Sie diesen mit etwas Sahne. Zum Süßen bietet sich
Stevia flüssig an.

Wichtig: Kauen Sie jeden Bissen sorgfältig. Kaffee
oder Tee ist kein Speichelersatz.

**Sie haben jeweils die Wahl zwischen einer
überwiegend eiweiß- oder kohlenhydratreichen
Mahlzeit.**

Eiweißreiches Hauptgericht

- 150–200 g Fleisch oder
- 150–200 g Fisch oder
- 2 Eier oder
- 60 g Käse oder 100 g gegarte Wurstsorten

Essen Sie dazu 400 g Gemüse oder Salat.

Kohlenhydratreiches Hauptgericht

- 50 g Getreide (roh gewogen) oder
- 60 g Naturreis (roh gewogen) oder
- 80 g Vollkornnudeln (roh gewogen) oder
- 200 g Kartoffeln

Essen Sie dazu 400 g Gemüse oder Salat.

Bedienen Sie sich zusätzlich des großen Kombiplans
(Siehe S. 22–23). Wählen Sie aus der Kombi-
Gruppe Teil 1 (sparsam) und aus der Kombi-Gruppe
Teil 2 (reichlich) aus, was Sie mögen.

Hinweis:

Hilfreich sind folgende Faustregeln: Bei einer Eiweiß-
mahlzeit wählen Sie 1 Teil Fleisch, Fisch, Käse oder
Eier, dazu 3 bis 4 Teile Gemüse oder Salate.
Bei einer Kohlenhydratmahlzeit wählen Sie 1 Teil
Kartoffeln, Naturreis, Getreide oder Nudeln, dazu
3 bis 4 Teile Gemüse oder Salate.

Warum nehmen wir mit Trennkost ab?

Die Erklärung, warum wir mit Trennkost auf schonende Weise Gewicht verlieren, liegt klar auf der Hand: Neben dem Säure-Basen-Gleichgewicht ist besonders das Trennungsprinzip ausschlaggebend. Zu dieser Erkenntnis kamen verschiedene Ärzte und Wissenschaftler, darunter Dr. med. Martin Noelke und die australischen Forscherinnen Susanne H. A. Holt und Janet C. Brand Miller von der University of Sydney.

Im Laufe umfangreicher Untersuchungen entdeckten sie, dass gemischte Speisen häufig den Blutzuckerspiegel unnötig erhöhen. Die Folge: Bei der Ernährung mit Mischkost wird im Verlauf des Verdauungsprozesses die Bauchspeicheldrüse oftmals im Übermaß zu vermehrter Insulinproduktion angeregt. Insulin bewirkt eine rasche Senkung des Blutzuckerspiegels, nimmt – vereinfacht gesagt – die Zuckerstoffe aus dem Blut, bildet daraus Fettsäuren und lagert diese dann in die Fettzellen ein. Die Konsequenz der raschen Blutzuckersenkung ist, dass das Blut, die Nerven und das Gehirn unter einer Glukose-Unterversorgung leiden und nun unerbittlich das Signal „Hunger" senden. Ein Teufelskreis beginnt.

So sind nicht immer Fett und Kalorien die Feinde übergewichtiger Menschen, sondern auch die unwissentlich selbst herbeigeführte Insulinüberproduktion.

Die gute Nachricht: Bei der Ernährung mit Trennkost wird der Blutzuckerspiegel nicht unnötig erhöht. Dementsprechend gering ist auch die Insulinentwicklung, die, wie oben erwähnt, die Schlüsselsubstanz für die Fettgewebsneubildung darstellt.

Wichtige Tipps zum Schlankwerden

- Einen guten Verbündeten bei der Gewichtsabnahme finden Sie in dem Mineralstoff Kalium. Dieses natürliche „Schlankheitsmittel" reguliert den Wasserhaushalt im Körper, da es für den osmotischen Druck in der Zelle verantwortlich ist. Kalium wirkt wie ein Katalysator, der überflüssiges Gewebswasser aus den Zellen absaugt und es über die Nieren abführt. Besonders reich an Kalium sind getrocknete Aprikosen, grünes Blattgemüse, Salate, Kohl und Rüben, Sauerkraut, Kartoffeln, Pilze, Nüsse, Obst sowie Fisch und Fleisch.
- Der Erfolg beim Abnehmen ist auch von der Wassermenge abhängig, die Sie Ihrem Körper zuführen. Zwei bis drei Liter Flüssigkeit täglich wären ideal, wobei auch die Flüssigkeitsmengen von Suppen, Salaten, Gemüse, Rohkost und Obst mit einberechnet werden können.
- Fertiggerichte und Fast Food sind zur Gewichtsabnahme ungeeignet. Die in ihnen enthaltenen geschmacksverstärkenden Zusatzstoffe manipulieren den Speichelfluss und lassen buchstäblich das Wasser im Mund zusammenlaufen – so dass wir einfach immer weiter essen, ohne dabei richtig satt zu werden.
- Achten Sie darauf, den Insulinspiegel niedrig zu halten. Denn Insulin ist die Schlüsselsubstanz für die Fettgewebsneubildung. Bei einem hohen Insulinspiegel kann das schlank machende Hormon Glukagon nicht wirken. Glukagon aktiviert wichtige Enzyme zum Öffnen der Fettzellen. Und genau das passiert, wenn man sich mit Trennkost ernährt.

Fit auf die Schnelle

Tatsache ist: Menschen, die Sport betreiben, verfügen über eine bessere körperliche und geistige Kondition als jene, die den ganzen Tag am Schreibtisch arbeiten oder wegen des Alters oder einer Krankheit sich nicht mehr richtig bewegen können. Achten Sie daher auf ausreichend Bewegung – sie bringt Ihren Stoffwechsel in Schwung, macht den Körper gelenkiger und hilft bei der Verbrennung überflüssiger Pfunde. Gehen Sie täglich eine Runde spazieren. Steigen Sie Treppen, statt mit dem Lift zu fahren. Lassen Sie bei kurzen Entfernungen das Auto stehen und fahren Sie mit dem Fahrrad oder gehen Sie zu Fuß.

Und vergessen Sie nicht: Sport macht auch glücklich! Dies verdanken wir den Endorphinen, den so genannten Glückshormonen, die während des Sports ausgeschüttet werden. Sie sorgen für gute Laune und Zufriedenheit. Wenn Sie Spaß an der Bewegung haben, profitieren Sie auf lange Sicht davon. Schon eine halbe Stunde tägliches Training macht Sie fit und leistungsfähiger. Mit der Zeit reagiert Ihr Körper mit mehr Selbstsicherheit, wobei sich auch seelische Ver-

krampfungen lösen können. So werden verschiedene Sport- oder Tanzarten z. B auch zu Therapiezwecken eingesetzt. Der Flamencotanz beispielsweise gilt im Therapiebereich als idealer Konfliktlöser: Durch das Stampfen mit den Absätzen in den Boden, genannt Zapateado, vibriert der gesamte Körper und lädt ihn mit positiven Energien auf. Gleichzeitig entladen sich aggressive Gefühle und die traurige Stimmung verflüchtigt sich. Eine alte Zigeunerweisheit sagt: „Ich weine nicht, ich tanze Flamenco."

Andere Bewegungsprogramme und Sportarten wie etwa Pilates, Nordic Walking, Schwimmen oder Fahrradfahren sind bestens geeignet für ein gemäßigtes Ausdauertraining. Finden Sie für sich selbst ein geeignetes Fitnessprogramm, das zum Durchhalten animiert. Dies zu finden dürfte bei den riesigen Angeboten nicht allzu

schwer sein. Falls Sie mehr über ein geeignetes Sportprogramm zum Abnehmen erfahren möchten, finden Sie in meinem Buch „Iss dich schlank mit Trennkost" weitere nützliche Vorschläge und Anregungen.

Sport macht Laune! Regelmäßige Bewegung ist eine Wohltat für Körper und Geist.

Gut geplant ist halb gekocht – die Rezepte

Kochen nach Trennkost bietet unerschöpfliche Variationsmöglichkeiten. Die unkomplizierte Alltagsküche gibt Ihnen die Möglichkeit, frei nach gewählter Zeit ein köstliches warmes oder kaltes Essen auf den Tisch zu zaubern. Sie werden sehen: Zeit für Trennkost ist immer!

Leckere Snacks – in 5 Minuten fertig

Wenn's mal besonders schnell gehen muss: Lassen Sie sich überraschen von der Fülle an pfiffigen Trennkostgerichten, die alle im Handumdrehen zubereitet sind!

Hektik, Zeitnot, Hunger – da ist der schnelle Griff zum Kühlschrank vorprogrammiert. Ein Stück Wurst oder eine Scheibe Käse kommen dann gerade recht. Damit es besser rutscht, noch einen Schluck Kaffee oder Limonade dazu, und schon ist die Mahlzeit beendet. Und weiter geht's – der nächste Termin wartet schon.

Wer immer so verantwortungslos mit seinem Körper umgeht, tut sich nichts Gutes, denn jede Mahlzeit ist wichtig für unseren Organismus und sollte unserem Körper wertvolle Nährstoffe zuführen. Unbewusst wissen wir das, doch oft lässt Bequemlichkeit unseren Willen schwach werden und der gute Vorsatz, in Zukunft mehr auf eine gesunde Ernährung zu achten, ist bald wieder vergessen.

Dabei ist es gar keine Hexerei, gesunde Leckereien in fünf Minuten auf den Tisch zu bringen: z. B. Melone mit Schinken als Vorspeise, Tomaten-Mozzarella-Salat oder auch ein Rosinen-Haselnuss-Joghurt als Dessert. Wichtig sind lediglich die Planung und das Wollen!

Doch seien Sie unbesorgt: Natürlich ist es nicht verboten, sich schnell mal ein Stück Wurst oder Käse abzuschneiden und in den Mund zu schieben. Das schadet Ihnen nicht und das macht jeder einmal. Die Betonung liegt auf „immer". Wer sich generell von der Hand in den Mund, dazu noch in Eile, ungesund

◀ Avocado mit Krabbensauce, S. 43

ernährt, riskiert auf Dauer gesundheitliche Probleme.

Was tun? Treffen Sie einfach Vorkehrungen gegen allzu ungesunde Versuchungen. Machen Sie aus diesen kleinen Snacks eine gesunde Mahlzeit, indem Sie einfach eine Tomate oder Gurke dazu essen. Probieren Sie auch die folgenden Rezeptvorschläge auf den nächsten Seiten aus. Sie sind alle im Handumdrehen fertig und sorgen für Ihr leibliches Wohl.

ße ihn mit Rahm, dann ist er bekömmlicher."

Grüner Tee, Früchte- oder Kräutertee sind ideale Alternativen zu Kaffee oder schwarzem Tee. Der ideale Durstlöscher ist Mineralwasser. Mit einer Zitronenscheibe oder einem Schuss Obstsaft aufgepeppt, regt dieses den Appetit zum Trinken an.

Einfache Tipps zur gesunden Ernährung

Gurken – wer unter starken Wasseransammlungen im Körper leidet, sollte vermehrt Gurken essen. Gurken sind wie Medizin und treiben überschüssiges Gewebswasser über Niere und Blase heraus. Sie entlasten dadurch das Herz, senken überhöhten Blutdruck und lindern geschwollene Beine. Da sie besonders reich an Kalium und Magnesium sind, sind Gurken auch gut für Gicht- und Rheumakranke.

Rotwein, mäßig getrunken, steht in dem Ruf, eine vorbeugende gesundheitliche Wirkung zu haben. Das edle Getränk soll das Zusammenkleben von Blutblättchen hemmen, die Gefäße vor Arteriosklerose (Arterienverkalkung) schützen und Thrombosen vorbeugen. Ein Glas wohltemperierter Rotwein am Abend gilt als Schlummertrunk für Gestresste.

Knoblauch, die weiße Knolle, gibt nicht nur Speisen ein typisches Aroma, sondern ist auch sehr gesund. Die Inhaltsstoffe desinfizieren den gesamten Verdauungstrakt und wirken antibiotisch. Forscher wiesen kürzlich nach, dass Knoblauch unsere Blutgefäße vor Arterienverkalkung schützt, eine Blutgerinnung verhindern kann, zudem den Cholesterin- und Blutfettspiegel senkt. Knoblauch enthält die Vitamine A, B1 und C sowie Magnesium, Eisen, Mangan, Kupfer, Zink und Jod und bietet Schutz gegen Infektionskrankheiten aller Art.

Kaffee und schwarzer Tee sind bei Trennkost zwar kein Tabu, zählen aber auch nicht zu den empfehlenswerten Getränken. In dem Buch „Original Haysche Trennkost" heißt es: „Wer auf seinen Kaffee nicht verzichten möchte, der genie-

Tomaten – kalorienarm und entwässernd, sind sie eine Geheimwaffe gegen Übergewicht und Stoffwechselerkrankungen. Zudem wirken sie blutdrucksenkend, enthalten Antikrebsstoffe und sind besonders bei Rheuma, Gicht und Arthrose zu empfehlen. Reife rohe Tomaten zählen zur neutralen Kost.

wichtig

Durch einen chemischen Prozess verändert sich die zu den Neutralen gehörende Tomate nach dem Erhitzen und man schmeckt deutlich eine Säure. Darum sollten Sie Tomaten nie in Aluminiumtöpfen kochen. Die Säure greift das Metall an, wodurch das Kochgut einen metallischen Geschmack annimmt. Im gekochten Zustand zählen Tomaten zu den Eiweißen.

Fruchtiger Erdbeer-Molke-Drink

▶ Eiweiß

Für 2 Personen
Gelingt leicht
100 g Erdbeeren (frisch oder TK) · 350 ml Molke · 1 EL flüssiger Honig oder einige Tropfen Stevia flüssig · 4 Minzeblättchen

1. Die Erdbeeren waschen und putzen. Tiefgekühlte Früchte leicht antauen lassen.

2. Die Beeren zusammen mit der Molke und Stevia bzw. Honig im Mixer oder mit dem Schneidstab kräftig pürieren. Mit den Minzeblättchen garniert servieren.

Power-Bananen-Drink

▶ Kohlenhydrate

Für 2 Personen
Gelingt leicht
2 Bananen · 350 g Buttermilch · 2 TL Honig · etwas Zimtpulver

1. Die Bananen schälen und in grobe Stücke schneiden.

2. Die Bananenstücke zusammen mit der Buttermilch und dem Honig mit dem Schneidstab kräftig pürieren. In Gläser füllen und mit dem Zimt bestreut servieren.

Aufgeschäumte Heidelbeermilch

▶ Eiweiß

Für 2 Personen
Gelingt leicht
150 g Heidelbeeren (frisch oder TK) · 400 ml frische Milch · einige Tropfen Stevia flüssig oder 1 EL flüssiger Honig · etwas Zimtpulver

1. Heidelbeeren waschen, verlesen und abtropfen lassen. Tiefgekühlte Früchte leicht antauen lassen.

2. Die Beeren mit der Hälfte der Milch mischen, mit Stevia bzw. Honig süßen und alles mit dem Schneidstab pürieren. Die Heidelbeermilch in Gläser füllen.

3. Die restliche Milch mit einem Milchschäumer aufschäumen oder mit dem Schneidstab mixen. Den Milchschaum auf die Heidelbeermilch geben und leicht unterrühren. Mit dem Zimt bestreuen und sofort servieren.

Rosinen-Haselnuss-Joghurt

▶ Neutral

Für 2 Personen
Gelingt leicht
2 EL Rosinen · 2 EL Haselnüsse ·
2 EL Sonnenblumenkerne ·
250 g griechischer Joghurt ·
einige Tropfen Stevia flüssig
oder 2 TL flüssiger Honig ·
1 TL Zimt

1. Die Rosinen waschen und gut abtropfen lassen. Die Haselnüsse grob hacken.

2. Rosinen, Haselnüsse und Sonnenblumenkerne mit dem Joghurt mischen. Alles mit Stevia bzw. Honig süßen und in Dessertschälchen geben. Mit dem Zimt bestreut servieren.

Bananenscheiben mit Hüttenkäse

▶ Kohlenhydrate

Für 2 Personen
Preisgünstig
2 Bananen · 200 g körniger
Frischkäse (Hüttenkäse) ·
etwas Zimtpulver · 8 Haselnüsse

1. Die Bananen schälen und in Scheiben schneiden.

2. Die Bananenscheiben zusammen mit dem körnigen Frischkäse auf 2 Tellern anrichten und mit dem Zimt bestäuben. Mit den Nüssen garniert servieren.

Bananenbrot mit Mandelblättchen und Zimt

▶ Kohlenhydrate

Für 2 Personen
Gelingt leicht
2 Scheiben Vollkornbrot ·
1 EL saure Sahne · 2 EL Mandelblättchen · 2 Bananen · etwas
Zimtpulver

1. Die Brotscheiben toasten, mit der sauren Sahne dünn bestreichen und mit den Mandelblättchen bestreuen.

2. Die Banane schälen, in Scheiben schneiden und auf den Broten verteilen. Mit dem Zimt bestreut servieren.

Getreideflockenmüsli mit Nüssen und Rosinen

▶ Kohlenhydrate

Für 2 Personen
Gelingt leicht
3 EL Rosinen · 250 g Joghurt · 5 EL Mineralwasser ·
$^1/_2$ TL Kardamom · einige Tropfen Stevia flüssig oder
2 EL flüssiger Honig · 8 EL Getreide- oder Haferflocken · 2 EL Sonnenblumenkerne · 1 TL Zimt

1. Die Rosinen heiß abspülen und abtropfen lassen. Den Joghurt mit dem Mineralwasser cremig ver- rühren, mit dem Kardamom würzen und mit Stevia bzw. Honig süßen.

2. Die Getreideflocken mit dem Joghurt mischen. Die Rosinen und Sonnenblumenkerne unter- rühren und das Müsli mit dem Zimt bestäuben.

Tipp

Wenn Sie Wert auf unverarbeitete Lebensmittel legen, dann lohnt sich die Anschaffung eines Getreideflockers. Im Naturwarenhandel gibt es ein großes Angebot an Flockern, mit dem Sie Ihre frischen Dinkel- oder Haferflocken schnell selber machen können. In „Selbstgeflocktem" bleiben alle wichtigen Nährstoffe erhalten.

Mandarinen-Ingwer-Joghurt
Der besondere Snack mit Pfiff

▶ Eiweiß

Für 2 Personen
Gut vorzubereiten
2 Mandarinen · 1 kleines Stück Ingwer ·
250 g griechischer Joghurt · 1 EL flüssiger Honig
oder einige Tropfen Stevia flüssig

1. Die Mandarinen schälen und in Spalten teilen. Den Ingwer schälen und fein hacken. Mandari- nen und Ingwer mit dem Joghurt mischen.

2. Alles mit dem Honig bzw. Stevia süßen. In Dessertschälchen servieren.

▶ Mandarinen-Ingwer-Joghurt

Bunte Käse-Schnittlauch-Brote

Macht Lust auf mehr

▶ **Kohlenhydrate**

Für 2 Personen
Preisgünstig
2 Scheiben Vollkornbrot ·
2 EL Frischkäse · 100 g Camembert · 1 Tomate · 1 Bund Schnittlauch

1. Die Brote mit dem Frischkäse dünn bestreichen.

2. Den Käse in Scheiben schneiden. Die Tomate waschen, vom Stielansatz befreien und in dünne Scheiben schneiden. Den Schnittlauch waschen, trockenschütteln und in kleine Röllchen schneiden.

3. Die Brote mit dem Käse und Tomatenscheiben belegen und dick mit Schnittlauch bestreuen.

Apfel-Salami-Knäcke mit Hüttenkäse

Vitamine zum Auftanken

▶ **Kohlenhydrate**

Für 2 Personen
Gelingt leicht
1 großer mürber Apfel ·
4 Scheiben Vollkornknäcke ·
2 EL Butter · 8 dünne Scheiben Rindersalami · 200 g Hüttenkäse

1. Den Apfel waschen, vierteln und entkernen. Ein Apfelviertel in dünne Scheiben schneiden.

2. Die Knäckebrote dünn mit der Butter bestreichen. Mit den Salami- und den Apfelscheiben belegen. Zusammen mit den restlichen Apfelvierteln und dem Hüttenkäse servieren.

Forellenfilet auf Pumpernickel

Raffinierte Powernahrung

▶ **Kohlenhydrate**

Für 2 Personen
Gelingt leicht
2 geräucherte Forellenfilets ·
1 kleine Salatgurke · Meersalz ·
10 Pumpernickeltaler ·
5 TL Meerrettich aus dem Glas ·
2 Zweige Dill

1. Die Forellenfilets in 10 Stücke schneiden. Die Gurke schälen. 10 dünne Scheiben davon abschneiden, den Rest in 1 Zentimeter dicke Scheiben schneiden und leicht salzen.

2. Die Pumpernickeltaler mit dem Meerrettich bestreichen und mit den dünnen Gurkenscheiben belegen.

3. Die Forellenstücke darauf geben und mit dem Dill garnieren. Zusammen mit den restlichen Gurkenscheiben servieren.

Sauerkraut-Burger mit Rinderschinken
Vollwertiger Genuss

▶ Kohlenhydrate

Für 2 Personen
Gelingt leicht
2 Vollkornbrötchen · 1 mürber Apfel · 2 EL Quark
(20 % Fett i.Tr.) · 4 Scheiben roher Rinderschinken ·
100 g rohes Sauerkraut

1. Die Brötchen halbieren und kurz toasten. Den Apfel waschen, vierteln, das Kerngehäuse herausschneiden und die Apfelviertel in dünne Spalten schneiden.

2. Die Brötchenhälften dünn mit dem Quark bestreichen und mit dem Schinken, einigen Apfelscheiben und dem Sauerkraut belegen. Die oberen Brötchenhälften darauf legen. Zusammen mit den restlichen Apfelspalten servieren.

Tipp
Aus Weißkraut oder Spitzkohl wird durch Milchsäuregärung das bekannte Sauerkraut. Meist wird es gekocht als Beilage gegessen. Aber auch roh schmeckt es sehr gut – z.B. auf einem Sauerkraut-Burger

Amerikanisches Schinken-Käse-Sandwich
Für den kleinen Hunger

▶ Kohlenhydrate

Für 2 Personen
Gelingt leicht
2 grüne Salatblätter · 1 große Tomate · 4 Scheiben roher Rinderschinken · 4 mittelgroße Scheiben Brot · 4 TL Senf · 4 EL Joghurt · 2 Scheiben Emmentaler Käse

1. Die Salatblätter waschen und gut trockenschütteln. Die Tomate waschen, vom Stielansatz befreien und in Scheiben schneiden. Den Schinken in feine Streifen schneiden.

2. Die Brote mit dem Senf und Joghurt bestreichen. 2 Brote mit je einem Salatblatt und einer Tomatenscheibe belegen. Die Schinkenstreifen und den Käse obenauf legen.

3. Die beiden restlichen Brote daraufsetzen und zusammen mit den übrigen Tomatenscheiben servieren.

Tomaten-Mozzarella-Salat mit Oliven

▶ Neutral

Für 2 Personen
Gut vorzubereiten
2 Fleischtomaten · 250 g Mozzarella · 2 Zweige Basilikum ·
1 EL Olivenöl · 2 EL alter Balsamico-Essig · Pfeffer · Meersalz ·
8 Oliven

1. Die Tomaten waschen, von den Stielansätzen befreien und grob würfeln. Den Mozzarellakäse abtropfen lassen und in Scheiben schneiden.

2. Basilikum waschen, trockenschütteln, Stiele entfernen und die Blätter klein schneiden. Die Tomaten mit den Mozzarellascheiben und dem Basilikum mischen.

3. Die Mischung mit Öl und Essig beträufeln und mit Pfeffer und Salz würzen. Mit den Oliven garniert servieren.

Roastbeef-Röllchen mit Paprika

Trennkost zum Verwöhnen

▶ Eiweiß

Für 2 Personen
Gelingt leicht
1 rote Paprikaschote · 6 EL Quark (20 % Fett i.Tr.) ·
2 TL Meerrettich aus dem Glas · Pfeffer · Meersalz ·
8 Roastbeefscheiben

1. Die Paprikaschote putzen, waschen und in breite Streifen schneiden.

2. Den Quark mit dem Meerrettich verrühren, mit Pfeffer und Salz würzen. Den Meerrettichquark gleichmäßig auf den Roastbeefscheiben verteilen, je einen Paprikastreifen darauf legen und zusammenrollen.

3. Mit den restlichen Paprikastreifen zusammen servieren.

Gemüsesticks mit Käse-Dip

Der ideale Snack für zwischendurch

▶ Neutral

Für 2 Personen
Gelingt leicht
2 Möhren · 2 Stangen Sellerie · 80 g Schafskäse
(z. B. Feta) · 150 g Joghurt · 1 TL Senf · Kräutersalz ·
Pfeffer

1. Die Möhren schälen, den Stangensellerie putzen und das Gemüse in schmale Streifen schneiden.

2. Den Schafskäse mit einer Gabel fein zerdrücken und mit dem Joghurt mischen. Den Dip mit Senf, Kräutersalz und Pfeffer würzen und zum Gemüse servieren.

Tipp

Diese vitaminreiche Mahlzeit eignet sich ideal als kleine Nascherei am Arbeitsplatz. Geben Sie das Gemüse, getrennt vom Dip, in gut verschließbare Boxen. Kühl aufbewahrt hält sich der Snack einige Stunden frisch.

41

Heiße Tasse mit Ei
Eiweißreich genießen

▶ **Eiweiß**

Für 2 Personen
Preisgünstig
400 ml Gemüsebrühe ·
1 Möhre · 1 großes Ei · Pfeffer

1. Die Gemüsebrühe erhitzen.
   Die Möhre putzen, schälen,
   fein raspeln und in die Brühe
   geben.

2. Das Ei aufschlagen, gut
   verquirlen und in die Brühe
   gleiten lassen. Mit Pfeffer
   würzen und sofort servieren.

Schnelle Eierpfanne
Klassische Köstlichkeit

▶ **Eiweiß**

Für 2 Personen
Preisgünstig
2 TL Öl · 4 Eier · Pfeffer ·
Meersalz · 2 Stauden Chicorée ·
4 TL Zitronensaft

1. Das Öl in einer beschichteten
   Pfanne erhitzen. Die Eier hin-
   einschlagen und mit einer
   Gabel kurz umrühren. Mit
   Pfeffer und Salz würzen und
   zugedeckt 2 bis 3 Minuten
   stocken lassen.

2. Den Chicorée waschen,
   halbieren und den mittleren
   Strunk keilförmig herausschneiden. Mit Zitronensaft
   beträufeln und mit Pfeffer
   und Salz würzen. Zusammen
   mit den gestockten Eiern
   servieren.

Melone mit Rinderschinken

▶ **Neutral**

Für 2 Personen
Gelingt leicht
1 kleine Melone (Cantaloupe
oder Netzmelone) · 80 g roher
Rinderschinken, dünn geschnitten

1. Die Melone halbieren und die
   Kerne entfernen. Die Melo-
   nenhälften in Spalten schneiden und das Fruchtfleisch
   von der Schale lösen.

2. Die Melonenspalten zusammen mit dem aufgeschnitte-
   nen Schinken servieren.

Avocado mit Krabbensauce

► **Eiweiß**

Für 2 Personen
Gelingt leicht
150 g Krabben, gekocht ·
150 g Joghurt · 1 EL Ketchup,
natriumarm · 1 EL Crème
fraîche · Meersalz · 1 große
Avocado · 1 Zweig Dill

1. Die Krabben mit einer Gabel grob zerdrücken. Den Joghurt mit dem Ketchup und der Crème fraîche cremig verrühren. Die Sauce leicht salzen und die Krabben unterrühren.

2. Die Avocado halbieren, den Stein herauslösen und die Avocadohälften mit der Krabbensauce füllen. Mit den Dillfähnchen garnieren.

Geniale Rezeptideen für 15-Minuten-Gerichte

Nach einem arbeitsreichen Tag fehlt oft die Lust für zeitraubendes Kochen. Da sind schnelle und gute Vorschläge genau das Richtige. Ob herzhaft oder süß, bei Trennkost werden auch Sie sicher fündig.

Hand aufs Herz: Beruf, Familie und Haushalt sind nicht immer leicht unter einen Hut zu bringen. Oft bleibt da nur wenig Zeit für eine ausgewogene Ernährung. Trennkost ist hier die ideale Lösung. Sie ernähren sich vollwertig, die Gerichte sind harmonisch aufeinander abgestimmt und benötigen keine übertrieben lange Vorbereitungszeit.

Naschen ein Himbeersorbet? Das alles sind leckere Trennkostgerichte, die in einer Viertelstunde zubereitet sind. Wenn Sie sich mit Trennkost ernähren, müssen Sie keinesfalls auf süße Leckereien und fruchtige Desserts verzichten. Doch eine Frage bleibt offen: Wie süßt man ein Himbeersorbet kalorienarm und ohne den Blutzuckerspiegel unnötig zu erhöhen? Gibt es hier außer Süßstoffen noch Alternativen?

Wer kennt sie nicht – die süße Lust?

Wenn Sie mal wieder Appetit auf etwas ganz Besonderes haben: Wie wäre es zum Beispiel mit einem Lachs-Carpaccio auf Toast, Kokospfannkuchen mit Rosinenquark oder zum

WISSEN

Was ist Stevia?

Stevia – auch Süßkraut genannt – ist eine aus Südamerika kommende Pflanze, die schon seit Jahrhunderten von den Ureinwohnern als Süßmittel für Speisen und Getränke sowie für medizinische Zwecke verwendet wird. Die enorme Süßkraft der Steviapflanze liegt in einem komplexen Molekül namens „Steviosid". Die frischen Blätter schmecken nach Süßholz und süßen 10- bis 30-mal stärker als Zucker. Die Extrakte der Pflanze können sogar die 300fache Süßkraft von raffiniertem Zucker erreichen. Und dies alles ohne Kohlenhydrate und ohne Kalorien! Darum hat Stevia auch keinen negativen Einfluss auf den Blutzuckerspiegel und ist deshalb ein Segen für Übergewichtige und Diabetiker. Stevia wurde von Wissenschaftlern auf schädliche Nebenwirkungen erprobt, danach als gesundheitlich unbedenklich eingestuft.

Ja, die gibt es. Zum Süßen bieten sich außer Zucker und Süßstoff noch Honig, Agavendicksaft, Obstdicksäfte, Ahornsirup und Stevia an. Honig hat zwar fast ebenso viele Kalorien wie Zucker, er macht jedoch nicht süchtig. Nach zwei bis drei Esslöffeln dieser natürlichen Süße reagiert der Gaumen mit Überdruss. Ganz anders bei Zucker. Hier kann jede Menge, in Form von Schokolade oder Pralinen, verzehrt werden, ohne dass ein Gefühl von „genug" signalisiert wird. Agavendicksaft, Ahornsirup oder Obstdicksäfte süßen stärker als weißer Haushaltszucker und sind somit spar-samer im Gebrauch. Alle diese Süßungsmittel gehören in die Kohlenhydratgruppe, können dennoch in kleinen Mengen zum Süßen von Eiweißgerichten und Obst verwendet werden. Eine weitere Lösung heißt: Stevia. Stevia ist ein gesundheitlich völlig unbedenkliches Süßungsmittel, von dem immer mehr figurbewusste Menschen überzeugt sind.

Tipps zur Verwendung von Süßkraut

Stevia gibt es in flüssiger Form (Stevia Fluid), die vor allem gut geeignet ist zum Süßen von Salatsaucen, Obst, Joghurt, Quark, Desserts, Kaffee und Tee. Für eine Tasse Kaffee oder Tee reichen drei bis vier Tropfen Stevia.

Stevia gibt es auch als feines weißes Pulver unter der Bezeichnung: „Chrysanova". Zur Verwendung ist es ratsam, das Pulver zuerst in wenig Wasser aufzulösen und danach flüssig über Erdbeeren oder Quark zu geben, sonst klebt das Pulver an einer Stelle fest. Bei der Zubereitung von Kuchen mischen Sie Stevia mit dem Mehl.

Neuerdings gibt es ein Steviaprodukt, das äußerlich dem Kristallzucker sehr ähnelt. Es ist unter der Bezeichnung „GrooVia" erhältlich. GrooVia hat die vierfache Süßkraft von Zucker und man schmeckt fast keinen Unterschied mehr zu unserem herkömmlichen Süßmittel.

Alle Steviaprodukte sind äußerst hitzebeständig und können sehr gut zum Kochen und Backen verwendet werden. Die Bezugsadresse für Steviaprodukte finden Sie auf Seite 138.

15 Minuten

Kerniges Frühstücksmüsli

▶ **Kohlenhydrate**

Für 2 Personen
Gut vorzubereiten
15 Mandeln · 1 Möhre · 1 mürber
Apfel · 6 EL Haferflocken ·
300 ml Buttermilch · einige
Tropfen Stevia flüssig oder
1 EL flüssiger Honig ·
2 EL Rosinen

1. Die Mandeln grob hacken
   und in einer Pfanne ohne Fett
   kurz rösten, dann beiseite
   stellen.

2. Die Möhre putzen, waschen,
   schälen und grob raspeln.
   Den Apfel waschen, vierteln,
   entkernen und in kleine
   Stücke schneiden.

3. Die Haferflocken mit der
   Buttermilch verrühren und
   mit Stevia bzw. Honig süßen.
   Die Möhrenraspel und
   Apfelstücke auf der
   Buttermilch-Haferflocken-
   Mischung anrichten. Das
   Müsli mit den Mandeln und
   Rosinen bestreut servieren.

Joghurt mit gegrillter Ananas und Kokosraspeln

▶ **Eiweiß**

Für 4 Personen
Gelingt leicht
2 EL Kokosraspel · 1 Ananas
250 g Joghurt · einige Tropfen
Stevia flüssig oder
1 EL flüssiger Honig

1. Die Kokosraspel in einer
   Pfanne ohne Fett kurz rösten.

2. Die Ananas putzen, vierteln
   und den holzigen Strunk
   herausschneiden. Die Ana-
   nasviertel unter dem vorge-
   heizten Grill 6 bis 8 Minuten
   unter Wenden grillen.

3. In der Zwischenzeit den
   Joghurt mit Stevia bzw.
   Honig süßen.

4. Die Ananas von der Schale
   schneiden. Das Fruchtfleisch
   in Stücke schneiden und
   wieder auf der Schale
   anrichten. Die Ananasstücke
   zusammen mit dem Joghurt
   auf Desserttellern anrichten.
   Mit den Kokosraspeln
   bestreut servieren.

Feines Himbeersorbet

▶ **Eiweiß**

Für 2 Personen
Gut vorzubereiten
75 g Sahne · 300 g Himbeeren
(TK) · 125 g Joghurt · einige
Tropfen Stevia flüssig oder
1 EL flüssiger Honig · 4 Minzeblättchen

1. Die Sahne steif schlagen.

2. Die gefrorenen Himbeeren
   mit einem Schuss kochen-
   dem Wasser übergießen. Die
   Früchte zusammen mit dem
   Joghurt fein pürieren. Mit
   Stevia bzw. Honig süßen.

3. Die Sahne unter das Himbeersorbet ziehen und in
   Dessertgläser geben. Das
   Sorbet mit den Minzeblättchen garniert servieren.

Süßes Joghurt-Beeren-Dessert

Honigsüß und knackig frisch

▶ **Eiweiß**

Für 2 Personen
Gelingt leicht

300 g frische Beeren (z. B. Johannisbeeren, Himbeeren, Brombeeren, Erdbeeren, Heidelbeeren) ·
300 g Naturjoghurt · 1 EL Stevia GrooVia oder
2 EL flüssiger Honig · 1 EL gehackte Walnüsse ·
1 TL Zimtpulver

1. Die Beeren verlesen, von den Stielen befreien, waschen und gut abtropfen lassen. Die Früchte in 2 Dessertgläser füllen.

2. Joghurt mit Stevia oder Honig gut verrühren und die gehackten Walnüsse unterrühren. Den Joghurt gleichmäßig auf den Beeren verteilen und mit dem Zimt bestreuen. Gut gekühlt servieren.

15 Minuten

47

Hirsebrei-Müsli mit Bananen und Zimt

Für hungrige Mäuler

▶ **Kohlenhydrate**

Für 2 Personen
Gelingt leicht
100 ml Sahne · 1 ½ EL Honig · 1 Msp. Meersalz ·
80 g gemahlener Hirse · 2 EL Rosinen · 2 kleine
Bananen · 2 TL Butter · 2 TL gemahlener Zimt ·
2 EL Pinienkerne

1. 250 Milliliter Wasser zusammen mit der Sahne in einem Topf verrühren. Honig, Salz und Hirse hinzufügen und alles unter Rühren zum Kochen bringen.

2. Das Ganze kurz aufwallen lassen, die Rosinen dazugeben, anschließend den Topf vom Herd nehmen und die Hirse einige Minuten ausquellen lassen. Die Bananen schälen und der Länge nach halbieren. Die Butter in einer Pfanne schmelzen lassen und die Bananen darin kurz anbraten.

3. Den Hirsebrei auf zwei Tellern verteilen, mit den gebratenen Bananen belegen, mit Zimt bestäuben und mit den Pinienkernen bestreut servieren.

Kleine Kokospfannkuchen mit Rosinenquark

Mit Liebe gekocht

▶ **Kohlenhydrate**

Für 2 Personen
Geht schnell
75 g feines Dinkelvollkornmehl · 1 TL Weinstein
Backpulver · 150 ml Kokosmilch aus der Dose ·
1 Eigelb · 1 Prise Meersalz · 3 EL Sonnenblumenöl ·
125 g Quark (20 % Fett i.Tr.) · 4 EL Ahornsirup ·
4 EL Rosinen

1. Das Mehl mit dem Backpulver mischen und mit der Kokosmilch, 10 Esslöffeln Wasser, Eigelb und Salz zu einem glatten Teig verrühren.

2. Etwas Öl in einer kleinen beschichteten Pfanne erhitzen. 1 kleine Schöpfkelle Teig hineingeben und bei starker Hitze den Pfannkuchen von jeder Seite 1 bis 2 Minuten backen.

3. Aus dem restlichen Öl und dem übrigen Teig 3 weitere dünne Pfannkuchen backen. Die Pfannkuchen mit dem Quark bestreichen, Ahornsirup und Rosinen darauf verteilen, zusammenrollen und servieren.

▶ Kleine Kokospfannkuchen
   mit Rosinenquark

Italienische Zucchinisuppe mit Thunfisch

▶ **Eiweiß**

Für 2 Personen
Geht schnell
1–2 Knoblauchzehen · 1 Zucchini · 1 EL Olivenöl ·
1 TL Rosmarin, getrocknet · 1 TL Thymian, getrocknet · 400 g Tomatenstücke (aus der Dose) ·
350 ml Gemüsebrühe · 1 EL Sahne · 100 g Thunfisch
im eigenen Saft (Dose) · Pfeffer · Meersalz · 1 Zweig
Petersilie

1. Knoblauch abziehen und grob hacken. Zucchini
waschen, putzen und in Würfel schneiden.

2. Das Öl in einem Topf erhitzen. Den Knoblauch
darin glasig dünsten. Zucchiniwürfel zugeben
und unter Rühren einige Minuten kräftig
anbraten. Mit Rosmarin und Thymian würzen.

3. Die Tomatenstücke untermischen, mit der
Brühe auffüllen und alles etwa 3 Minuten leicht
kochen lassen. Die Sahne einrühren, den
Thunfisch dazugeben und die Suppe mit Pfeffer
und Salz abschmecken. Mit Petersilie garniert
servieren.

Kleine Gemüsesuppe mit Ei
Schnell, leicht und lecker

▶ **Eiweiß**

Für 2 Personen
Geht schnell
1 Bund Suppengrün · 1 kleines Bund Schnittlauch ·
1 EL Butter · 400 ml Gemüsebrühe · 2 Eier

1. Das Suppengrün putzen, waschen und in kleine
Würfel schneiden. Den Schnittlauch waschen
und in kleine Röllchen schneiden.

2. Die Butter in einem Topf erhitzen und die
Gemüsewürfel darin unter Rühren anbraten.
Mit der Brühe ablöschen und einige Minuten
leise kochen lassen.

3. Die Eier einzeln in eine Suppenkelle schlagen,
vorsichtig in die Suppe geben und fest werden
lassen. Die Suppe mit den Schnittlauchröllchen
bestreut servieren.

Scharfe Thaisuppe mit Tofu

Leckerbissen mit asiatischem Flair

▶ **Neutral**

Für 2 Personen
Gelingt leicht
150 g Tofu · 1 Stange Lauch · 1 rote Paprikaschote ·
150 g Austernpilze · 1 EL Öl (z. B. Sesamöl) ·
500 ml Gemüsebrühe · ½ TL rote Currypaste ·
½ TL Sambal Oelek · 1 EL dunkle Sojasauce ·
Meersalz · frisches Koriandergrün

1. Den Tofu abtropfen lassen, klein würfeln und beiseite stellen.

2. Den Lauch putzen, längs vierteln, waschen und in Streifen schneiden. Die Paprikaschote waschen, halbieren, putzen und in Streifen schneiden. Die Austernpilze putzen und würfeln.

3. Das Öl in einem Topf erhitzen. Lauch, Paprika und Pilze darin unter Rühren etwa 5 Minuten kräftig anbraten. Mit der Brühe ablöschen und aufkochen lassen. Die Suppe mit Currypaste, Sambal Oelek, Sojasauce und etwas Meersalz würzen. Die Tofuwürfel untermischen und mit dem Koriander bestreuen.

15 Minuten

Pikante Pilz-Frittata
Schlank, fit und gut drauf

▶ **Eiweiß**

Für 2 Personen
Gut vorzubereiten
150 g Austernpilze · 1 kleines Bund Schnittlauch ·
1 kleines Stück Chilischote · 1 EL Olivenöl · 4 große
Eier · 2 EL Mineralwasser · Pfeffer · Meersalz

1. Die Austernpilze putzen und in Streifen schneiden. Den Schnittlauch waschen, trockenschütteln und in kleine Röllchen schneiden. Den Chili
   klein würfeln.

2. Das Öl in einer beschichteten Pfanne erhitzen,
   Pilze, Chili und Knoblauch darin unter Rühren
   bei mittlerer Hitze einige Minuten braten.

3. Die Eier mit dem Mineralwasser verquirlen und
   alles mit Pfeffer und Salz würzen. Die Eier über
   die Pilze gießen und zugedeckt bei schwacher
   Hitze 2 bis 3 Minuten stocken lassen. Zwischendurch die Pfanne hin und her rütteln, damit
   nichts anbackt. Die Frittata mithilfe eines
   flachen Topfdeckels wenden und zugedeckt
   weitere 2 bis 3 Minuten garen. Die Frittata
   warm oder kalt servieren.

Bruschetta al pomodoro
Nach italienischem Originalrezept

▶ **Kohlenhydrate**

Für 2 Personen
Gelingt leicht
2 Tomaten · 1 kleine Zwiebel · 1 Knoblauchzehe ·
10 Blätter Basilikum · frischer Pfeffer aus der Mühle ·
Meersalz · 2 Scheiben Vollkornbrot · 2 EL Olivenöl

1. Die Tomaten waschen, vierteln, vom Stielansatz
   befreien, entkernen und fein würfeln. Zwiebel
   und Knoblauch abziehen und fein hacken. Basilikumblätter waschen, trockenschütteln und in
   feine Streifen schneiden. Tomaten mit Zwiebeln,
   Knoblauch und Basilikum mischen, mit Pfeffer
   und Salz würzen.

2. Das Brot von beiden Seiten dünn mit Öl bestreichen und in einer Pfanne von beiden Seiten
   goldbraun rösten. Tomatenmischung auf dem
   Brot verteilen und servieren.

Tipp

Für das klassische Bruschetta wird italienisches
Weißbrot im Ofen geröstet. Dieses wird dann
mit Knoblauch eingerieben und mit den ge-
würzten Tomatenstückchen belegt. Es wird
sofort und warm gegessen.

Lachs-Carpaccio auf Toast

Herzhaftes für Feinschmecker

▶ **Kohlenhydrate**

Für 2 Personen
Gut vorzubereiten

150 g gebeizter Lachs · 1 Fleischtomate · 2 Zweige
Dill · 1 EL Obstessig · 1 EL Öl · frischer Pfeffer aus
der Mühle · Meersalz · 2 Scheiben Vollkorntoast

1. Die Lachsscheiben zwischen Klarsichtfolie legen
   und mit einem Nudelholz sehr dünn ausrollen.

2. Die Tomaten waschen, vom Stielansatz befreien,
   vierteln, entkernen und fein würfeln. Dill
   waschen, trockenschütteln und fein hacken.

3. Obstessig mit Öl, Dill und 1 Esslöffel Wasser
   verrühren. Den Lachs fächerartig auf einem
   Teller ausbreiten. Tomaten auf dem Lachs
   anrichten, alles mit der Vinaigrette beträufeln
   und mit Pfeffer und Salz bestreuen.

4. Die Brote toasten und zusammen mit dem
   Lachs-Carpacchio servieren.

Überbackene Ofenbrote

Nicht nur für Vegetarier

▶ **Kohlenhydrate**

Für 2 Personen
Gelingt leicht

2 große Scheiben Vollkornbrot · 1 kleine Zwiebel ·
200 g Champignons · 1 EL Öl · 1 EL Schmand ·
frischer Pfeffer aus der Mühle · Meersalz ·
3 EL geriebener Greyerzer Käse · 3 Zweige Petersilie

1. Den Backofen auf 200 °C vorheizen. Ein Backblech mit Backpapier auslegen, die Brote darauf
   legen und 5 Minuten rösten.

2. Die Zwiebel schälen und fein hacken. Die Pilze
   gut säubern, dann in kleine Würfel schneiden.
   Das Öl in einer Pfanne erhitzen und die Zwiebelwürfel darin bei schwacher Hitze glasig werden
   lassen.

3. Die Champignons dazugeben und unter Rühren
   3 bis 4 Minuten braten. Den Schmand einrühren
   und alles mit Pfeffer und Salz würzen.

4. Den Pilzrahm auf den Broten verteilen und
   mit dem Käse bestreuen. Die Brote im Backofen
   5 Minuten überbacken. Mit der Petersilie
   garniert servieren.

Gebackener Schafskäse mit Rühreiern auf Blattsalat

▶ **Eiweiß**

Für 2 Personen
Gelingt leicht
1 Eisbergsalat · 3 EL Olivenöl · 2 EL Zitronensaft ·
Pfeffer · Meersalz · 1 kleines Bund Schnittlauch ·
3 Eier · 200 g Schafskäse (z. B. Feta) ·
2 EL fein gemahlene Mandeln

1. Den Salat putzen, waschen, abtropfen lassen und in mundgerechte Stücke zerpflücken. Die Salatblätter dekorativ auf einer Platte anrichten, mit etwas Öl und dem Zitronensaft beträufeln. Mit Pfeffer und Salz leicht würzen. Den Schnittlauch waschen, trockenschütteln und in Röllchen schneiden.

2. Die Eier mit einer Gabel kräftig aufschlagen. Den Schafskäse in 4 dicke Streifen schneiden, erst im Ei, dann in den geriebenen Mandeln wenden.

3. Das restliche Öl in einer beschichteten Pfanne erhitzen, den Käse darin rundum anbraten, dann beiseite schieben. Die restlichen Rühreier in die Pfanne gießen und stocken lassen. Käse und Eier auf dem Salat anrichten und mit den Schnittlauchröllchen bestreuen.

Italienische Schmortomaten mit Ziegenkäse

▶ **Eiweiß**

Für 2 Personen
Gut vorzubereiten
2 EL Pinienkerne · 1 Zweig Rosmarin ·
2 Stiele Thymian · 600 g kleine Tomaten ·
1 ½ EL Öl · Pfeffer · Meersalz ·
120 g Ziegenkäse (Camembert am Stück)

1. Die Pinienkerne in einer Pfanne ohne Fett goldbraun rösten, dann aus der Pfanne nehmen und beiseite stellen.

2. Rosmarin und Thymianblättchen von den Stielen zupfen und fein hacken. Die Tomaten waschen, von den Stielansätzen befreien und grob würfeln.

3. Einen Esslöffel Öl in einer Pfanne erhitzen und die Tomatenwürfel darin 5 bis 8 Minuten schmoren lassen. Mit Pfeffer, Salz, Rosmarin und Thymian würzen.

4. Den Käse in grobe Würfel schneiden. Das restliche Öl in einer zweiten Pfanne erhitzen und die Käsewürfel darin von allen Seiten kurz und kräftig anbraten. Die Tomaten zusammen mit dem Käse auf 2 Tellern anrichten und mit den Pinienkernen bestreut servieren.

Garnelen-Tapas

Mit allen Sinnen genießen

▶ **Eiweiß**

Für 2 Personen
Gut vorzubereiten
8 gekochte große Garnelen · 1 Knoblauchzehe ·
1 Zweig Dill · 1 Avocado · 1 EL Zitronensaft ·
1 Msp. Chili · Meersalz · 4 kleine Tomaten

1. Von den Garnelen den schwarzen Darm entfernen. Den Knoblauch abziehen und durch eine Presse drücken. Den Dill waschen und trockenschütteln.

2. Die Avocado halbieren und den Stein entfernen. Das Fruchtfleisch mit einem Löffel herausschaben, mit dem Zitronensaft beträufeln und dann mit einer Gabel fein zerdrücken. Mit dem Knoblauch, Chili und Salz würzen.

3. Die Tomaten waschen und halbieren. Mit einem Löffel die Kerne entfernen und die Avocadocreme in die Tomatenhälften füllen. Jeweils eine Garnele auf die Creme legen. Die Tomaten mit den Dillfähnchen garniert servieren.

Gurkenstifte mit Zaziki

Ein Hauch von Urlaub

▶ **Kohlenhydrate**

Für 2 Personen
Gelingt leicht
1 Salatgurke · 1–2 Knoblauchzehen · 2 EL Crème fraîche · 250 g Joghurt · Pfeffer · Kräutersalz · 2 Zweige Dill · 2 Scheiben Vollkornbrot

1. Die Gurke schälen, 10 Zentimeter davon fein raspeln, den Rest halbieren und mit einem Löffel entkernen. Die Gurke in fingerdicke, etwa 10 Zentimeter lange Stifte schneiden. Den Knoblauch abziehen und durch eine Presse drücken.

2. Die Crème fraîche mit dem Joghurt verrühren, Gurkenraspel und Knoblauch unterrühren und das Ganze mit Pfeffer und Salz würzen.

3. Die Gurkenstifte auf einer kleinen Platte anrichten und mit dem Dill garnieren. Zusammen mit dem Zaziki und dem Brot servieren.

15 Minuten

55

Italienischer Salat mit Oliven

Schmeckt nach Sommer im Süden

▶ **Neutral**

Für 2 Personen
Gelingt leicht

1 kleines Bund Rucola · 1 kleiner Romanasalat ·
1 kleine gelbe Paprikaschote · 1 Fleischtomate ·
1 EL Olivenöl · 1 EL Obstessig · frischer Pfeffer aus
der Mühle · Meersalz · 10 schwarze Oliven

1. Den Rucola waschen, trocknen und klein
schneiden. Romanasalat putzen, waschen,
abtropfen lassen und in mundgerechte Stücke
zerpflücken.

2. Die Paprikaschote halbieren, putzen, waschen
und in Würfel schneiden. Die Tomate waschen,
vom Stielansatz befreien und in schmale Spalten
schneiden. Die vorbereiteten Salatzutaten in
einer Schüssel mischen.

3. Für das Dressing das Öl mit Essig, 5 Esslöffeln
Wasser, Pfeffer und Salz kräftig verrühren. Den
Salat mit dem Dressing mischen und mit den
Oliven garnieren.

Bunter Käse-Eier-Salat
Unwiderstehlich lecker

▶ **Eiweiß**

Für 2 Personen
Geht schnell
3 Eier · 1 Chicorée · 2 Tomaten · 1 grüne Paprikaschote · 100 g Gouda · 2 EL Öl · 1 EL Essig, z. B. Him-
beeressig · Pfeffer · Kräutersalz · 100 g Mais (TK)

1. Die Eier hart kochen, mit kaltem Wasser
   abschrecken, danach pellen und vierteln.

2. Den bitteren Strunk vom Chicorée keilförmig
   herausschneiden, die einzelnen Blätter ablösen
   und sternförmig auf einer Platte anrichten.

3. Die Tomaten waschen, von den Stielansätzen
   befreien und grob würfeln. Die Paprikaschote
   waschen, halbieren, putzen und klein würfeln.
   Den Käse in kleine Würfel schneiden.

4. Für das Dressing das Öl mit dem Essig, 5 Esslöffeln Wasser, Pfeffer und Salz kräftig verrühren. Die Sauce mit Tomatenwürfeln, Paprika,
   Käse und Mais mischen und in die Mitte des
   Chicorées geben. Den Salat mit den Eivierteln
   garniert servieren.

Käse-Paprika-Salat mit pikantem Olivendressing

▶ **Neutral**

Für 2 Personen
Gelingt leicht
1 Bund Radieschen · 1 kleine Gewürzgurke ·
1 grüne Paprikaschote · 150 g Käse (z. B. Allgäuer
Emmentaler oder Appenzeller) · 10 grüne Oliven
ohne Stein · 1 kleines Bund Petersilie · 1 EL Obstessig · 1 EL Olivenöl · 1 TL Löwensenf · 1 Msp. Chili-
pulver · Kräutersalz · Paprikapulver

1. Die Radieschen putzen, waschen und in Scheiben schneiden, die Gurke waschen und fein
   hacken. Die Paprikaschote halbieren, putzen,
   waschen und in kleine Würfel schneiden. Den
   Käse ebenfalls in kleine Würfel schneiden. Alles
   in einer Schüssel mischen.

2. Für das Dressing die Oliven fein würfeln. Die
   Petersilie waschen, trockenschütteln und fein
   hacken. Essig, Öl und Senf mit 2 Esslöffeln Wasser
   kräftig aufschlagen. Die Olivenwürfel untermischen und die Sauce mit Chili und Salz würzen.

3. Das Dressing über den Käsesalat gießen und
   alles mit dem Paprikapulver und der Petersilie
   bestreuen.

Tipp
Essen Sie zu dem Käse-Paprika-Salat nach
Belieben eine Scheibe Butterbrot – dann wird
allerdings aus dem neutralen Gericht eine
Kohlenhydratmahlzeit.

15 Minuten

Spanischer Thunfischsalat
Ein leichter Sommersalat

▶ **Eiweiß**

Für 2 Personen
Geht einfach
1 kleine Zwiebel · 2 Knoblauchzehen · 1 EL Kapern
(aus dem Glas) · 10 schwarze Oliven ohne Stein ·
1 rote Paprikaschote · 200 g Thunfisch naturell
(aus der Dose) · 1 TL Mayonnaise ohne Zucker ·
150 g Joghurt · 1 Msp. Chili · Meersalz · 1 Eisbergsalat

1. Zwiebel und Knoblauch abziehen und beides
   fein hacken. Die Kapern fein würfeln, die Oliven
   in Scheiben schneiden. Die Paprikaschote
   halbieren, putzen, waschen und in feine Würfel
   schneiden.

2. Den Saft vom Thunfisch abgießen und den Fisch
   mit einer Gabel grob zerdrücken. Die Mayonnaise mit dem Joghurt verrühren. Zwiebel,
   Knoblauch, Kapern, Oliven und Paprikawürfel in
   die Joghurtsauce rühren, mit Chili und Salz fein
   abschmecken. Den Thunfisch mit der Sauce
   mischen.

3. Den Salat putzen, waschen, abtropfen lassen
   und in feine Streifen schneiden. Auf einem Teller
   ausbreiten und den Thunfischsalat darauf
   anrichten.

Schwertfisch-Zucchini-Salat mit Kirschtomaten

▶ **Eiweiß**

Für 2 Personen
Geht schnell
2 Schwertfischsteaks à 200 g · 2 EL Olivenöl ·
frischer Pfeffer aus der Mühle · Meersalz · 2 Zucchini ·
1–2 Knoblauchzehen · 150 g Kirschtomaten ·
1 TL getrockneter Thymian

1. Den Fisch waschen und mit Küchenpapier abtrocknen. 1 Esslöffel Öl in einer Pfanne erhitzen
   und den Fisch darin von jeder Seite etwa 3 Minuten braten. Mit Pfeffer und Salz würzen. Den
   Fisch aus der Pfanne nehmen, leicht abkühlen
   lassen, danach in Stücke schneiden.

2. Die Zucchini waschen, Blüten- und Stielansätze
   entfernen und die Zucchini in kleine Würfel
   schneiden. Den Knoblauch schälen und fein
   hacken. Die Tomaten waschen und halbieren.

3. Das restliche Öl in einer zweiten Pfanne erhit-
   zen, Zucchiniwürfel und Knoblauch darin unter
   Rühren etwa 3 bis 4 Minuten kräftig anbraten.
   Mit Thymian und Salz würzen. Zucchini mit
   dem Schwertfisch mischen. Zusammen mit den
   Tomaten servieren.

◀ Spanischer Thunfischsalat

Waldorfsalat mit Weintrauben
Etwas Besonderes für Genießer

▶ **Eiweiß**

Für 2 Personen
Gut vorzubereiten
3 EL Rosinen · 180 g Knollensellerie · 250 g kernlose
grüne Trauben · 1 großer säuerlicher Apfel ·
50 g Walnüsse · 2 Zweige Petersilie · 250 g Joghurt ·
5 EL Milch · 3 EL Crème fraîche · 2 EL Zitronensaft ·
1 Msp. Cayennepfeffer · Meersalz

1. Die Rosinen heiß abspülen und abtropfen lassen.

2. Den Sellerie putzen, waschen und in feine Stifte
   raspeln. Die Trauben waschen und halbieren.
   Den Apfel waschen, vierteln, entkernen und in
   kleine Würfel schneiden. Die Walnüsse grob zer-
   hacken. Die Petersilie waschen, trockenschütteln
   und fein hacken.

3. Sellerie, Trauben, Apfelwürfel, Walnüsse und
   Rosinen in einer Schüssel mischen.

4. Für das Dressing den Joghurt mit der Milch,
   Crème fraîche und dem Zitronensaft cremig
   verrühren. Die Sauce mit Cayennepfeffer und
   Salz abschmecken und den Salat damit anmachen. Mit der Petersilie bestreut servieren.

Fitnesssalat mit Geflügelsülze
Vitamine zum Genießen

▶ **Eiweiß**

Für 2 Personen
Geht schnell
1 Salatherz · 4 Champignons · 1 Möhre · 1 rote
Paprikaschote · 1 kleine Salatgurke · 4 EL Mais (TK) ·
1 kleines Bund Schnittlauch · 1 EL Öl · 2 EL Zitronen-
saft · einige Tropfen Stevia flüssig oder 1 TL flüssiger
Honig · 1 TL Senf · Pfeffer · Meersalz · 2 Scheiben
Geflügelsülze à 120 g

1. Den Salat putzen, waschen und in mundgerechte Stücke zupfen. Die Champignons feinblättrig
   aufschneiden. Die Möhre schälen und grob
   raspeln.

2. Die Paprikaschote putzen, entkernen, waschen
   und anschließend klein würfeln. Die Gurke
   schälen, der Länge nach vierteln und in kleine
   Würfel schneiden. Alles zusammen mit dem
   Mais in einer Schüssel mischen. Den Schnittlauch waschen, trockenschütteln und in kleine
   Röllchen scheiden.

3. Das Öl mit dem Zitronensaft, 6 Esslöffeln
   Wasser, Stevia bzw. Honig, Senf, Pfeffer und Salz
   verrühren. Das Dressing mit dem Salat mischen
   und mit dem Schnittlauch bestreuen. Zusammen mit der Geflügelsülze servieren.

Bunter Brotsalat
mit Parmesan-Dressing

1. Die Brote in kleine Würfel schneiden. Die Butter in einer beschichteten Pfanne schmelzen lassen und die Brotwürfel darin rundherum knusprig braten, dann beiseite stellen.

2. Eisbergsalat und Rucola putzen, waschen, abtropfen lassen und in mundgerechte Stücke zerpflücken. Die Radieschen putzen, waschen und in Scheiben schneiden. Die Paprikaschote halbieren, putzen, waschen und in Würfel schneiden. Die Tomaten waschen, von den Stielansätzen befreien und in schmale Spalten schneiden.

3. Die vorbereiteten Salatzutaten zusammen mit den Oliven in einer Schüssel mischen.

4. Für das Dressing die Petersilie waschen, trockenschütteln und fein hacken. Mit Essig, Öl, 4 Esslöffeln Wasser, Pfeffer, Salz und Parmesan verrühren. Das Dressing mit dem Salat mischen und mit den gerösteten Brotwürfeln bestreuen.

▶ **Kohlenhydrate**

Für 2 Personen
Geht schnell

2 Scheiben Vollkornbrote
2 EL Butter
1 kleiner Eisbergsalat
1 kleines Bund Rucola
1 Bund Radieschen
1 gelbe Paprikaschote
2 Tomaten
12 Oliven
3 Zweige Petersilie
2 EL Obstessig
1 EL Olivenöl
    frischer Pfeffer aus
    der Mühle
    Meersalz
2 EL frisch geriebener
    Parmesankäse

15 Minuten

Schnelle Hauptgerichte – fertig in 30 Minuten

Wenn Sie die nachfolgenden Rezepte ausprobieren, werden Sie überrascht sein, was für raffinierte und köstliche Gerichte man in einer halben Stunde zaubern kann – ganz ohne Stress!

Unsere Ernährung ist die Grundlage und zugleich die tragende Säule unserer Gesundheit. In unserer schnelllebigen Zeit ist es wichtiger denn je, vitamin- und mineralstoffreich zu essen. Darum sollte die tägliche Lebensmittelauswahl immer aus vollwertigen Nahrungsmitteln bestehen: aus frischen Salaten, Rohkost, Gemüse, Obst, Kartoffeln, Vollkornerzeugnissen, Samen, Nüssen, Kernen, Keimlingen, kalt gepressten

Ölen, Milchprodukten, magerem Fleisch oder Fisch.

Die folgenden Rezepte berücksichtigen diese Empfehlungen und bringen Abwechslung in Ihren Trennkost-Speiseplan, ohne dass Sie stundenlang in der Küche stehen müssen. Machen Sie sich mit den einfachen Regeln der Trennkost vertraut und erleben Sie, wie köstlich Trennkostgerichte schmecken.

Verschiedene Speisen eignen sich auch zum Mitnehmen an den Arbeitsplatz. Zum Beispiel die „Feine Kartoffelsuppe mit Erbsen und Möhren". Morgens kurz erhitzt und in eine Thermobox gefüllt, bleibt der Eintopf bis zur Mittagspause heiß. Auch Salate, die eine gewisse Zeit ziehen müssen, wie der Käse-Reis-Salat oder der dänische Eiersalat, lassen sich gut in verschließbaren Behältern transportieren.

◀ Pikantes Puten-Saltimbocca, S. 76

Bringen Sie mit dieser einzigartigen Lebensmittelkombination Ihren Stoffwechsel in Schwung und entgiften Sie mit Trennkost Ihren Körper. Diese Entgiftung spüren Sie sehr schnell – sie zeigt sich in mehr Gesundheit, Dynamik und Stärke.

Wer war Dr. Hay?

Dr. med. William Howard Hay (1866–1940) war der Erfinder der Trennkost. Er studierte Medizin, praktizierte dann als Allgemeinmediziner und Chirurg, erfüllt von dem Gedanken, anderen Menschen zu helfen. Doch dann erkrankte er selbst. Im Alter von 41 Jahren litt er an einem schweren Nierenleiden, verbunden mit Bluthochdruck und anschließender Herzerweiterung. Stark übergewichtig und mit schmerzhaften Ödemen in den Beinen, suchte er die renommiertesten Spezialisten auf. Doch keiner von ihnen machte ihm Hoffnung auf Genesung.

Aber Howard Hay gab nicht auf. Er suchte und fand die rettende Lösung in einem Bericht über ein Bergvolk im Himalaja, bei dem Zivilisationskrankheiten völlig unbekannt waren. Die Menschen dort ernährten sich ausschließlich von naturbelassenen Lebensmitteln und nahmen niemals eiweiß- und kohlenhydratreiche Kost gleichzeitig zu sich.

Howard Hay forschte weiter und untersuchte auch die chemische Zusammensetzung des menschlichen Körpers. Er stellte fest, dass dieser zu 80 Prozent aus basischen und zu 20 Prozent aus sauren Elementen besteht. Dementsprechend stellte er seine tägliche Ernährung um, aß vorwiegend basenbildende und weniger säurebildende Lebensmittel und trennte die eiweißreichen von den kohlenhydratreichen Lebensmitteln. Dies wirkte sich bereits innerhalb kurzer Zeit positiv auf seine Verdauungsorgane und seine Gesundheit aus. So konnte er sich selbst dank der Ernährung mit Trennkost von seiner schweren Erkrankung heilen. Howard Hay starb im Alter von 74 Jahren an den Folgen eines Autounfalls.

Mein Leben mit Trennkost

Seit 1978 befasse ich mich mit der Hayschen Trennkost. Damals sehr krank und stark übergewichtig, erfuhr ich am eigenen Leib die enorme Wirkung dieser Ernährungsweise. Durch die Trennkost fand ich zu einem gesunden, harmonischen Leben zurück und erreichte mein Normalgewicht. Mit diesem Wissen ging ich an die Öffentlichkeit und gründete Trennkostgruppen. Hautnah erlebte ich, wie füllige Menschen ihr persönliches Idealgewicht ohne Qual erreichten, und beobachtete gleichzeitig, wie kranke Menschen durch Trennkost gesund wurden. Zuerst glaubte ich an Zufälle, doch immer wieder bestätigten mir Kursteilnehmer unabhängig voneinander die Verbesserung ihres Gesundheitszustands. Dies alles macht mich sehr glücklich und gibt mir als Idealistin die Gewissheit, einen Beitrag zu einem gesünderen Lebensstil geleistet zu haben.

30 Minuten

Spaghetti
mit gebratenem Basilikum
Gutes Essen mit viel Power

▶ Kohlenhydrate

Für 2 Personen
Gelingt leicht
1 große Zwiebel · 1–2 Knoblauchzehen · 1 großes
Bund Basilikum · 200 g Kirschtomaten · 1 EL Olivenöl · 2 EL Crème fraîche · 3 EL Parmesankäse ·
frischer Pfeffer aus der Mühle · Meersalz ·
160 g Spaghetti ohne Ei

1. Zwiebel und Knoblauch abziehen und in kleine
   Würfel schneiden. Basilikum waschen und grob
   hacken. Die Tomaten waschen.

2. Das Öl in einer Pfanne erhitzen und die Zwiebel-
   würfel darin glasig dünsten. Knoblauch und die
   Hälfte des Basilikums dazugeben und unter
   Rühren eine halbe Minute scharf braten lassen.
   Crème fraîche und die Hälfte des Parmesankäses
   unterrühren. Alles mit Pfeffer und Salz würzen.

3. Die Spaghetti in reichlich leicht gesalzenem
   kochenden Wasser bissfest garen, dann abgießen und gut abtropfen lassen. Die Nudeln mit
   dem gebratenen Basilikum in der Pfanne mischen. Den restlichen Käse und das frische
   Basilikum darüber streuen. Mit den Tomaten
   garnieren.

Sahnenudeln
mit buntem Gemüse
Einfach raffiniert

▶ Kohlenhydrate

Für 2 Personen
Gelingt leicht
160 g Nudeln · Meersalz · 1 kleine Zucchini ·
1 große rote Paprikaschote · 1–2 Knoblauchzehen ·
1 EL Olivenöl · 6 EL Mais · 4 EL Sahne · 1 TL Oregano ·
Pfeffer · 2 EL geriebener Parmesankäse

1. Die Nudeln in reichlich leicht gesalzenem kochenden Wasser bissfest garen, dann abgießen
   und abtropfen lassen.

2. Die Zucchini waschen, putzen und in kleine
   Würfel schneiden. Die Paprikaschote waschen,
   halbieren, putzen und klein würfeln. Den
   Knoblauch abziehen und in Scheiben schneiden.

3. Das Öl in einer beschichteten Pfanne erhitzen
   und den Knoblauch darin andünsten. Zucchini-,
   Paprikawürfel und Mais dazugeben und unter
   Rühren 5 Minuten schmoren lassen.

4. Die Nudeln unterrühren, Sahne dazugeben, mit
   Oregano, Pfeffer und Salz würzen. Mit dem
   Parmesankäse bestreuen und servieren.

Tagliatelle mit scharf-pikantem Pesto
Unwiderstehlich lecker

▶ **Kohlenhydrate**

Für 2 Personen
Gut vorzubereiten
3–4 Knoblauchzehen · 2 EL Öl
(z. B. Olivenöl) · 1 kleines Bund
Petersilie · 1 EL Sesamsamen ·
2 EL Pinienkerne · Kräutersalz ·
1 TL Sambal Oelek · 160 g
Tagliatelle ohne Ei · Meersalz

1. Den Knoblauch abziehen und grob hacken. Das Öl erhitzen, den Knoblauch darin goldbraun braten, dann abkühlen lassen.

2. Petersilie waschen, trockenschütteln und sehr fein hacken. Petersilie, Knoblauch mit Bratöl, Sesam, Pinienkernen und Kräutersalz in einem Mörser zu einer sämigen Paste zerreiben. Mit Sambal Oelek scharf würzen.

3. Die Tagliatelle in reichlich leicht gesalzenem kochenden Wasser bissfest garen, dann abgießen und abtropfen lassen. Die Nudeln mit dem Pesto vermischen und servieren.

30 Minuten

65

Reisnudeln in Möhren-Kokos-Sauce

Das kulinarische Hauptgericht

▶ Kohlenhydrate

Für 2 Personen
Gelingt leicht

2 EL Kokosraspeln · 1 Zwiebel · 1 haselnussgroßes Stück Ingwer · 3 Möhren · 1 EL Butter · 200 ml ungesüßte Kokosmilch · 1–2 TL gelbe Currypaste · 1 Msp. Cayennepfeffer · Meersalz · 1 TL Ahornsirup · 120 g feine Reisnudeln

1. Die Kokosraspeln in einer Pfanne ohne Fett kurz rösten, dann beiseite stellen. Zwiebel und Ingwer abziehen und fein würfeln. Die Möhren waschen, putzen und in feine Würfel schneiden.

2. Die Butter in einer Pfanne schmelzen, Zwiebeln, Ingwer und Möhren darin unter Rühren 3 bis 4 Minuten braten. Die Kokosmilch dazugießen, mit Currypaste, Cayennepfeffer, Salz und Ahornsirup fein würzen. Alles kurz aufkochen lassen und 3 bis 4 Minuten köcheln lassen.

3. Die Reisnudeln nach Packungsangabe in leicht kochendem Wasser garen, abgießen und heiß abspülen. Die Nudeln auf 2 Teller geben und die Sauce darauf anrichten. Mit den Kokosraspeln bestreuen und servieren.

Gebackene Nudeln mit Zwiebeln und Käse

Für den Bärenhunger

▶ **Kohlenhydrate**

Für 2 Personen
Preisgünstig

160 g Spaghetti ohne Ei · Meersalz · 1 dicke Zwiebel ·
1 EL feines Weizenvollkornmehl · 2 EL Öl · frischer
Pfeffer aus der Mühle · 80 g Emmentaler, in dünne
Scheiben geschnitten · 2 Fleischtomaten

1. Die Nudeln in reichlich leicht gesalzenem
   kochendem Wasser bissfest garen, dann
   abgießen und abtropfen lassen.

2. Die Zwiebel abziehen und in dünne Ringe
   schneiden. Die Zwiebelringe im Mehl wälzen.
   Das Öl in einer beschichteten Pfanne erhitzen
   und die Zwiebelringe darin knusprig braten. Die
   Zwiebelringe aus der Pfanne nehmen und
   beiseite stellen.

3. Im restlichen Bratfett die Nudeln unter gelegentlichem Wenden bei starker Hitze braten. Mit
   Pfeffer und Salz würzen. Die Zwiebelringe unter
   die Nudeln rühren, den Käse gleichmäßig darauf
   verteilen und die Pfanne mit einem Deckel
   schließen. Bei geringer Hitze den Käse schmelzen lassen. Die Tomaten in Spalten schneiden
   und zusammen mit den Nudeln servieren.

Tagliatelle in Kokos-Curry-Sauce aus dem Wok

▶ **Kohlenhydrate**

Für 2 Personen
Gelingt leicht

160 g Tagliatelle · Meersalz · 2 Frühlingszwiebeln ·
100 g Zuckerschoten · 1 rote Paprikaschote ·
1 rote Chilischote · 100 g Mungobohnensprossen ·
1 EL Öl · 200 ml Kokosmilch (aus der Dose) ·
1–2 TL Currypulver · 1–2 EL Sojasauce · Pfeffer

1. Die Nudeln in reichlich leicht gesalzenem
   kochenden Wasser bissfest garen, dann abgießen
   und abtropfen lassen.

2. Die Frühlingszwiebeln putzen und waschen.
   Das Grün in Röllchen, das Weiße in kleine
   Würfel schneiden. Die Zuckerschoten und
   Paprikaschote putzen, waschen und in dünne
   Streifen schneiden. Die Chilischote putzen,
   waschen und in feine Ringe schneiden, die
   Kerne dabei entfernen. Die Sprossen waschen
   und verlesen.

3. Das Öl im Wok erhitzen. Zwiebeln, Zuckerschoten, Paprikastreifen, Chili und Keimlinge
   dazugeben und unter Rühren 3 Minuten kräftig
   braten.

4. Die Kokosmilch zu dem Gemüse gießen und
   einmal aufkochen lassen. Mit Currypulver,
   Sojasauce, Pfeffer und Salz würzen. Die Nudeln
   untermischen und sofort servieren.

30 Minuten

Bunter Käse-Reis-Salat
Das besondere Gericht mit Reis

▶ Kohlenhydrate

Für 2 Personen
Gut vorzubereiten
120 g Naturreis (10 Minuten) · Meersalz · 1 Zwiebel ·
1 rote Paprikaschote · 200 g Champignons ·
1 EL Sonnenblumenöl · Pfeffer · 1 kleines Bund
glatte Petersilie · 1 ½ EL Obstessig · 50 ml Gemüsebrühe · 4 EL Mais (TK) · Kräutersalz · 100 g Appenzeller Käse

1. Den Reis in einen Topf geben, mit leicht
   gesalzenem Wasser gut bedecken und nach
   Packungsangaben garen lassen.

2. Die Zwiebel abziehen und in kleine Würfel
   schneiden. Die Paprikaschote halbieren, putzen,
   waschen und in schmale Streifen schneiden. Die
   Champignons putzen und grob würfeln.

3. Das Öl in einer Pfanne erhitzen. Zwiebeln,
   Paprika und Pilze darin bissfest garen. Mit
   Pfeffer und Salz würzen. Die Petersilie waschen,
   trockenschütteln und fein hacken.

4. Für das Dressing den Obstessig mit der Brühe
   mischen. Mais und Petersilie unterrühren. Die
   Sauce mit dem Gemüse und dem Reis gut
   vermischen. Den Salat mit Kräutersalz abschmecken. Den Käse in kleine Würfel schneiden und
   auf dem Salat verteilen.

Gemüsereis mit Worcestersauce
Mit Pilzen – frisch auf den Tisch

▶ Kohlenhydrate

Für 2 Personen
Gelingt leicht
125 g Parboiled Vollkornreis · Meersalz · 1 Zwiebel ·
150 g Champignons · 1 große rote Paprikaschote ·
1 EL Öl · 150 g Erbsen (TK) · 1 TL Curry · frischer Pfeffer aus der Mühle · einige Spritzer Worcestersauce

1. Den Reis waschen, in einen Topf geben, mit
   leicht gesalzenem Wasser gut bedecken und
   nach Packungsangaben garen lassen.

2. Die Zwiebel abziehen und fein hacken. Die
   Champignons putzen und in Würfel schneiden.
   Die Paprikaschote waschen, halbieren, putzen
   und klein würfeln.

3. Das Öl in einer Pfanne erhitzen und die Zwiebel-
   würfel darin glasig dünsten. Pilze, Paprika und
   Erbsen dazugeben und bei mittlerer Hitze unter
   Rühren 8 bis 10 Minuten braten.

4. Den Reis aus dem Wasser heben, gut abtropfen
   lassen und unter das Gemüse mischen. Mit
   Curry, Pfeffer und Salz würzen. Mit der Worcestersauce fein abschmecken und servieren.

Gefüllte Haferflockenbratlinge mit Aioli

► **Kohlenhydrate**

Für 2 Personen
Gelingt leicht
1 Zwiebel · 2 EL Öl · 220 ml Gemüsebrühe ·
120 g Haferflocken · 1 Eigelb · Pfeffer · Meersalz ·
1 TL Majoran · 60 g Schafskäse · 2 EL Vollkorn-
semmelbrösel
Für das Aioli:
1–2 Knoblauchzehen · 1 frisches Eigelb · 5 EL Olivenöl

1. Die Zwiebel abziehen und fein hacken. 1 Teelöffel Öl in einer beschichteten Pfanne erhitzen
und die Zwiebeln darin glasig dünsten.

2. Die Brühe angießen, die Haferflocken unterrühren, aufkochen lassen und bei schwacher Hitze
so lange rühren, bis ein fester Brei entstanden
ist. Das Eigelb unterrühren und den Teig mit
Pfeffer, Salz und Majoran abschmecken.

3. Aus dem Teig 4 Bratlinge formen, mit dem
Schafskäse füllen und in den Semmelbröseln
wenden. Das restliche Öl in einer Pfanne erhitzen und die Bratlinge darin von beiden Seiten
jeweils 5 Minuten braten.

4. Für das Aioli den Knoblauch abziehen und im
Mörser fein zerdrücken. Das Eigelb zusammen
mit dem Knoblauch in einer Schüssel mit dem
Schneebesen gut verschlagen. Das Olivenöl
tröpfchenweise unterschlagen, bis die Mischung
dick und cremig wird. Die Bratlinge zusammen
mit dem Dip servieren.

Schinken-Bulgur-Salat mit Schafskäse
Der Salat für alle Anlässe

► **Kohlenhydrate**

Für 2 Personen
Gut vorzubereiten
100 g Bulgur · Meersalz · 200 g gewürfelte Möhren
(TK) · 200 g Erbsen (TK) · 75 g roher Putenlachsschinken · 1 kleines Bund glatte Petersilie ·
1 EL Obstessig · 1 EL Öl · 2 EL Gemüsewasser ·
2 EL saure Sahne · 80 g Schafskäse (z. B. Feta)

1. Den Bulgur in 275 Milliliter kochendes Salzwasser geben und bei schwacher Hitze 15 Minuten
quellen lassen, bis das Wasser aufgesogen ist.
Den Bulgur beiseite stellen, mit einer Gabel auflockern und leicht auskühlen lassen.

2. In der Zwischenzeit Möhren und Erbsen in
wenig leicht gesalzenem Wasser bissfest dünsten, dann aus dem Wasser heben und gut
abtropfen lassen. Etwas Gemüsewasser beiseite
stellen.

3. Den Schinken in kleine Streifen schneiden. Die
Petersilie waschen, trockenschütteln und fein
hacken.

4. Aus dem Essig, Öl, Gemüsewasser, Sahne, Salz
und Petersilie ein Dressing rühren. Gemüse,
Schinken und Sauce mit dem Bulgur mischen.
Den Schafskäse zerbröseln und auf dem Salat
verteilen.

30 Minuten

Feine Kartoffelsuppe mit Erbsen und Möhren

▶ Kohlenhydrate

Für 2 Personen
Gelingt leicht
300 g mehlig kochende Kartoffeln · 1 kleines Bund
Petersilie · 1 EL Butter · 400 ml Gemüsebrühe ·
2 Möhren · Meersalz · 100 g Erbsen (TK) · 3 EL Sahne

1. Die Kartoffeln waschen, schälen und in kleine Würfel schneiden. Die Petersilie waschen, trockenschütteln und fein hacken. Die Kartoffeln in der Butter unter Rühren anbraten, die Gemüsebrühe dazugießen und die Suppe zugedeckt etwa 20 Minuten leise kochen lassen.

2. In der Zwischenzeit die Möhren waschen, putzen und in kleine Würfel schneiden. In wenig Salzwasser in 6 bis 8 Minuten leise kochen lassen, dann die Erbsen dazugeben und weitere 6 bis 8 Minuten garen.

3. Die Kartoffelsuppe mit dem Schneidstab pürieren und mit der Sahne verfeinern. Möhren und Erbsen zusammen mit dem Kochwasser in die Suppe geben und diese mit der Petersilie bestreut servieren.

Lauchcremesuppe mit Croûtons
Vitamine zum Löffeln

▶ Kohlenhydrate

Für 2 Personen
Preisgünstig
300 g Kartoffeln · 1 große Stange Lauch ·
2 ½ EL Butter · 1 EL Gemüsebrühe · 1 Vollkornbrötchen · 2 EL Sahne · Pfeffer · Meersalz

1. Die Kartoffeln waschen, schälen und in kleine Würfel schneiden. Den Lauch putzen, längs vierteln, gründlich waschen und in kleine Streifen schneiden.

2. Einen Esslöffel Butter in einem Topf schmelzen lassen und die Kartoffeln und den Lauch darin unter Rühren einige Minuten dünsten. Kartoffeln und Lauch mit Wasser gut bedecken und mit der Gemüsebrühe würzen. Die Suppe zugedeckt etwa 20 Minuten leise kochen lassen.

3. Für die Croûtons das Brötchen in kleine Würfel schneiden. Die restliche Butter in einer beschichteten Pfanne schmelzen lassen und die Brötchenwürfel darin rundum knusprig braten.

4. Die Suppe mit dem Schneidstab pürieren und die Sahne unterrühren. Mit Pfeffer und Salz abschmecken. Die Suppe anrichten und mit den Croûtons bestreut servieren.

Folienkartoffel mit feiner Kräutersauce

Eine Kartoffelspezialität, die jeder mag

1. Die Kartoffeln waschen und mit Schale in 15 Minuten halb gar kochen, dann abgießen und in Alufolie wickeln. Den Backofen auf 200 °C vorheizen. Die Folienkartoffel im Backofen in etwa 15 Minuten fertig garen.

2. In der Zwischenzeit die Kräuter waschen und sehr fein hacken. Die Crème fraîche mit Joghurt und Senf verrühren. Mit Kräutersalz würzen und die gehackten Kräuter untermischen.

3. Die noch heiße Folienkartoffel der Länge nach einschneiden (nicht durchschneiden), leicht auseinanderdrücken und mit etwas Kräutersauce füllen. Zusammen mit der restlichen Sauce servieren.

▶ **Kohlenhydrate**

Für 2 Personen
Gelingt leicht

2 große Kartoffeln à 200 g
1 Bund gemischte Kräuter
(z. B. Dill, Petersilie,
Kerbel, Sauerampfer)
2 EL Crème fraîche
250 g griechischer Joghurt
1 TL Senf
Kräutersalz

30 Minuten

Kartoffel-Pilz-Pfanne mit Schafskäse
Unkompliziert und köstlich

▶ **Kohlenhydrate**

Für 2 Personen
Gelingt leicht
400 g Pellkartoffeln · 1 Zwiebel · 150 g kleine Champignons · 1 EL Öl (z. B. Sonnenblumenöl) · Pfeffer · Kräutersalz · 1 TL getrockneter Thymian · 1 kleines Bund Rucola · 120 g Schafskäse

1. Die Kartoffeln schälen und grob würfeln. Die Zwiebel abziehen und fein würfeln. Die Champignons putzen, abreiben und grob würfeln.

2. Das Öl in einer beschichteten Pfanne erhitzen. Zwiebelwürfel und Champignons dazugeben und unter Rühren 5 Minuten braten.

3. Die Kartoffeln zufügen, mit Pfeffer, Kräutersalz und Thymian würzen und unter gelegentlichem Wenden garen. Vom Rucola die harten Stiele entfernen, die Blättchen in feine Streifen schneiden und unter die Kartoffeln geben. Den Käse gleichmäßig darüber zerbröseln und die Kartoffelpfanne sofort servieren.

◀ Kartoffel-Pilz-Pfanne mit Schafskäse

Dillkartoffeln mit Räucherfisch
Tolles aus der Knolle

▶ **Kohlenhydrate**

Für 2 Personen
Gelingt leicht
1 Zwiebel · 400 g Kartoffeln · 1 EL Butter · 100 ml Gemüsebrühe · 1 Salatgurke · 1 kleines Bund Dill · 2 EL Sojacreme · Pfeffer · Kräutersalz · 300 g geräucherter Fisch (z. B. Schillerlocke oder Goldbarsch)

1. Die Zwiebel abziehen und in kleine Würfel schneiden. Die Kartoffeln waschen, schälen und in kleine Stücke schneiden.

2. Die Butter in einer Pfanne schmelzen lassen und die Zwiebelwürfel darin glasig dünsten. Kartoffelstücke dazugeben und kurz anbraten. Die Brühe dazugießen, zum Kochen bringen und 10 Minuten köcheln lassen.

3. Die Gurke schälen, halbieren, entkernen und in Würfel schneiden. Die Gurkenwürfel zu den Kartoffeln geben und weitere 10 Minuten leicht kochen lassen. Den Dill waschen, trockenschütteln und fein hacken. Die Sojacreme unter die Kartoffeln rühren, alles mit Pfeffer und Salz abschmecken und den gehackten Dill unterheben.

4. Den geräucherten Fisch auf einer Platte anrichten und zusammen mit den Dillkartoffeln servieren.

30 Minuten

Ungarische Bouillonkartoffeln mit Salami

Bringt Abwechslung auf den Tisch

► **Kohlenhydrate**

Für 2 Personen
Preisgünstig
300 g Kartoffeln
1 Stange Lauch
2 Möhren
150 g Knollensellerie
150 g grüne Bohnen
1 EL Butter
2 Knoblauchzehen, ungeschält
1 kleine Chilischote
1–2 TL Paprikapulver
1–2 TL Gemüsebrühe
1 TL Kümmel
1 kleines Bund Petersilie
80 g Rindersalami am Stück
2 EL saure Sahne

1. Die Kartoffeln waschen, schälen und in kleine Würfel schneiden. Den Lauch putzen, längs vierteln, gründlich waschen und in kleine Streifen schneiden. Möhren und Sellerie waschen, putzen und in feine Würfel schneiden. Die Bohnen waschen, putzen und in etwa 3 Zentimeter lange Stücke schneiden.

2. Die Butter in einem Topf schmelzen lassen. Kartoffeln, Gemüse, Knoblauch und Chilischote dazugeben und alles unter Rühren kurz anbraten. Mit dem Paprikapulver bestreuen und alles mit Wasser gut bedecken. Mit der Gemüsebrühe und Kümmel würzen und zugedeckt 15 bis 20 Minuten leise kochen lassen.

3. Die Chilischote entfernen. Die Petersilie fein hacken. Die Salami in kleine Würfel schneiden.

4. Die Bouillonkartoffeln in tiefe Teller füllen und die Salamiwürfel unterrühren. Jeweils einen Klecks saure Sahne in die Suppe geben. Die Kartoffeln mit der Petersilie bestreut servieren.

Tipp

Dieser köstliche Eintopf eignet sich hervorragend zum Mitnehmen an den Arbeitsplatz. Bereiten Sie darum gleich die doppelte Menge zu. Am Morgen die zweite Hälfte kurz erhitzen und in ein Thermosgefäß füllen. Bis zum Mittag bleibt so das Essen gut heiß.

Brokkoli-Hackfleisch-Auflauf

Erfreut das Auge und den Magen

1. Brokkoli waschen, putzen und in kleine Röschen teilen. Die Stiele schälen und in kleine Stücke schneiden. Beides in kochendem Salzwasser 3 bis 4 Minuten bissfest garen, herausnehmen und abtropfen lassen. Den Backofen auf 200 °C vorheizen.

2. Die Zwiebel abziehen und in kleine Würfel schneiden. Die Stielansätze der Tomaten entfernen, Tomaten überbrühen, häuten und grob würfeln. Den Liebstöckel waschen und sehr fein hacken.

3. Das Öl in einer Pfanne erhitzen. Die Zwiebelwürfel darin anbraten, Hackfleisch dazugeben und unter Rühren krümelig anbraten. Tomaten, Tomatenmark und Liebstöckel dazugeben, mit Sambal Oelek und Paprikapulver scharf würzen.

4. Dann die Gemüsebrühe angießen, mit Kräutersalz würzen und die Sahne unterrühren. Den Brokkoli in eine Auflaufform geben und die Hackfleischsauce gleichmäßig darüber verteilen.

5. Mit dem Käse belegen. Im Backofen etwa 12 bis 15 Minuten überbacken, bis der Käse geschmolzen ist.

▶ **Eiweiß**

Für 2 Personen
Gut vorzubereiten

500 g	Brokkoli
	Meersalz
1	Zwiebel
3	Tomaten
1 Zweig	Liebstöckel
1 EL	Öl
350 g	Hackfleisch
2 EL	Tomatenmark
1 TL	Sambal Oelek
1 TL	Paprikapulver
150 ml	Gemüsebrühe
	Kräutersalz
1 EL	saure Sahne
125 g	Gouda in Scheiben

30 Minuten

Pikantes Puten-Saltimbocca mit feinem Blattsalat

▶ Eiweiß

Für 2 Personen
Gut vorzubereiten

1 Kopf Friséesalat
1 Radicchio
30 g Feldsalat
10 Kirschtomaten
1 kleines Bund Petersilie
2 EL Sonnenblumenöl
1 EL Balsamico-Essig
Meersalz
Pfeffer
4 Putenschnitzel à 75 g
1–2 TL gelbe Currypaste
4 Scheiben Rinder-
schinken

1. Die Salate gründlich putzen, waschen, abtropfen lassen und in mundgerechte Stücke zerpflücken. Die Tomaten waschen und halbieren. Petersilie waschen, trockenschütteln und fein hacken.

2. Den Salat und die Tomaten dekorativ auf einer Platte anrichten, mit 1 Esslöffel Öl und dem Essig beträufeln, leicht salzen, pfeffern und mit der Hälfte der Petersilie bestreuen.

3. Das Fleisch waschen, mit Küchenpapier trockentupfen und zwischen Klarsichtfolie flach klopfen. Dünn mit der Hälfte der Currypaste bestreichen und die restliche Petersilie gleichmäßig darauf verteilen. Mit dem Schinken belegen und mit Zahnstochern feststecken.

4. Das restliche Öl in einer Pfanne erhitzen und das Fleisch darin von jeder Seite etwa 3 Minuten braten. Das Saltimbocca zusammen mit dem Salat servieren.

30 Minuten

Sauerkraut mit Brühwürstchen auf Selleriepüree

► Eiweiß

Für 2 Personen
Gut vorzubereiten
1 kleine Knolle Sellerie · 5 EL Sahne · 1 EL Butter ·
Meersalz · frischer Pfeffer aus der Mühle ·
1 Msp. Muskat · 1 EL abgeriebene Schale einer
unbehandelten Orange · 1 Zwiebel · 40 g Rindersalami · 600 g Sauerkraut · 1 EL Öl · 3 Wacholderbeeren · 4 Geflügelbrühwürstchen

1. Den Sellerie schälen und in Würfel schneiden.
   Das Gemüse in einen Topf geben, Sahne hinzufügen, dann mit Wasser knapp bedecken und in
   etwa 20 Minuten weich kochen.

2. Sellerie im Sahnewasser mit dem Schneidstab
   pürieren, dabei etwas Wasser hinzufügen. Die
   Butter bräunen und unterrühren. Mit Salz,
   Pfeffer, Muskat und Orangenschale abschmecken.

3. Die Zwiebel abziehen und fein hacken. Die
   Salami in Würfel schneiden. Das Sauerkraut
   klein schneiden. Zwiebel- und Salamiwürfel in
   einem Topf mit Öl bei schwacher Hitze anbraten.
   Sauerkraut und Wacholderbeeren zufügen und
   unter Rühren leicht anbraten.

4. 50 Milliliter Wasser zufügen und das Sauerkraut
   zugedeckt 5 bis 7 Minuten leise kochen lassen.
   Die Brühwürstchen zwischen das Kraut legen
   und zugedeckt 10 Minuten ziehen lassen. Das
   Püree zusammen mit dem Sauerkraut und
   Würstchen anrichten und sofort servieren.

Gefüllte Riesenchampignons
Unwiderstehlich lecker

► Eiweiß

Für 2 Personen
Gelingt leicht
8 große Champignons · 1 Zwiebel · 150 g geräucherte Putenbrust · 600 g Sauerkraut · 1 EL Butter ·
Cayennepfeffer · Meersalz · 4 EL Sahne ·
100 g geriebener Käse (z. B. Greyerzer oder Gouda)

1. Die Champignons putzen und abreiben. Die Stiele herausdrehen und fein hacken. Die Zwiebel
   abziehen und fein würfeln. Das Fleisch in kleine
   Würfel schneiden. Das Sauerkraut etwas zerkleinern. Den Backofen auf 180 °C vorheizen.

2. Die Butter in einer Pfanne schmelzen, die
   gehackten Champignonstiele, Zwiebel- und
   Fleischwürfel darin 3 Minuten unter Rühren
   kräftig anbraten. Die Hälfte vom Sauerkraut
   dazugeben, vermischen und weitere 3 Minuten
   dünsten. Mit Cayennepfeffer und Salz würzen
   und die Sahne unterrühren.

3. Einen Teil der Mischung in die Pilzköpfe füllen,
   den Rest mit dem übrigen Sauerkraut mischen
   und in eine Auflaufform geben. Die gefüllten
   Pilze auf das Kraut setzen und den Käse darüber
   streuen. Im Backofen in 12 bis 15 Minuten überbacken, bis der Käse leicht gebräunt ist.

Geflügelbratwurst mit Bauernsalat

Gesundheitsalarm auf dem Teller

1. Den Blumenkohl putzen, waschen und in kleine Röschen schneiden. In wenig leicht gesalzenem Wasser bissfest garen. Anschließend mit dem Schaumlöffel herausnehmen und abkühlen lassen.

2. Das Salatherz und Rucola putzen, waschen und in mundgerechte Stücke zupfen. Die Zwiebel abziehen und in dünne Ringe schneiden. Die Tomaten waschen und in kleine Stücke schneiden. Die Gurke schälen und in feine Scheiben hobeln. Die Radieschen putzen, waschen und fein stifteln. Alles dekorativ auf einer Platte anrichten.

3. Für das Dressing die Kräuter waschen und fein hacken. Schmand mit Essig, Senf, Kräutersalz und 5 Esslöffeln Wasser verrühren. Die Kräuter in die Sauce rühren und das Dressing über den Salat gießen. Das Öl in der Pfanne erhitzen und die Bratwürste darin von allen Seiten braun braten. Zusammen mit dem Salat servieren.

▶ **Eiweiß**

Für 2 Personen
Gelingt leicht

300 g	Blumenkohl
	Meersalz
1	Salatherz
1	kleines Bund Rucola
1	Zwiebel
3	Tomaten
1	Stück Salatgurke (10 cm)
1	kleines Bund Radieschen
1	kleines Bund Salatkräuter (Schnittlauch, Petersilie, Borretsch, Sauerampfer)
6 EL	Schmand
1 EL	weißer Balsamico-Essig
1 TL	Senf
	Kräutersalz
1 EL	Sonnenblumenöl
4	Geflügelbratwürste

30 Minuten

Hähnchencurry
mit Ananas-Lauch-Gemüse
Geflügel einmal anders

► **Eiweiß**

Für 2 Personen
Gut vorzubereiten

300 g Hähnchenbrust
2 Frühlingszwiebeln
150 g Champignons
1 EL Öl
Meersalz
2 TL Curry
1 Msp. Cayennepfeffer
3 EL Sahne
2 frische Ananasscheiben
2 Stangen Lauch
1 EL Butter
1 EL Crème fraîche

1. Das Fleisch kurz waschen, mit Küchenpapier trockentupfen und würfeln. Die Frühlingszwiebeln putzen und waschen. Das Grün in Röllchen schneiden, das Weiße in kleine Würfel schneiden. Die Champignons putzen, abreiben und in Scheiben schneiden.

2. Das Öl in einer Pfanne erhitzen und das Fleisch darin von allen Seiten kräftig anbraten. Zwiebeln und Champignons hinzufügen und alles unter Rühren kurze Zeit schmoren lassen. 150 Milliliter Wasser dazugießen, mit Salz, 1 Teelöffel Currypulver und Cayennepfeffer würzen, die Sahne einrühren und offen 10 Minuten leise kochen lassen.

3. Die Ananasscheiben schälen, vom Strunk befreien und in kleine Würfel schneiden. Den Lauch putzen, waschen und in schmale Ringe schneiden.

4. Die Butter in einem Topf schmelzen. Ananas und Lauch darin bei schwacher Hitze 5 Minuten dünsten. Mit Salz und restlichem Currypulver würzen und bei mäßiger Hitze zugedeckt etwa 5 bis 7 Minuten leise kochen lassen. Das Gemüse mit der Crème fraîche verfeinern und zusammen mit dem Hähnchencurry servieren.

30 Minuten

Würzige Hähnchenstreifen mit zartem Mandel-Gemüse

▶ **Eiweiß**

Für 2 Personen
Gut vorzubereiten
300 g Brokkoli · 300 g Blumenkohl · Meersalz ·
350 g Hähnchenbrust · frischer Pfeffer aus der
Mühle · 60 g Rinderschinken, dünn geschnitten ·
1 EL Sonnenblumenöl · 3 EL Mandelblättchen ·
2 EL Butter

1. Brokkoli und Blumenkohl waschen, putzen und
   in kleine Röschen teilen. Das Gemüse in kochendem Salzwasser bissfest garen.

2. Die Hähnchenbrust in daumendicke Streifen
   schneiden, mit Pfeffer und Salz würzen und mit
   dem Schinken umwickeln. Den Schinken mit
   Zahnstochern feststecken. Das Öl in einer
   beschichteten Pfanne erhitzen und das um-
   wickelte Fleisch darin unter Wenden von jeder
   Seite etwa 3 bis 4 Minuten braten. Dann aus der
   Pfanne nehmen, in Alufolie wickeln, warm
   stellen und 5 Minuten ruhen lassen.

3. Die Mandelblättchen in einer beschichteten
   Pfanne goldbraun rösten. Die Butter zufügen
   und aufschäumen lassen. Das Gemüse aus dem
   Wasser heben, gut abtropfen lassen und mit der
   Mandelbutter begießen. Die Fleischstreifen aus
   der Folie nehmen und zusammen mit dem
   Gemüse servieren.

Pestoröllchen mit Grillpaprika
Für Power und Party

▶ **Eiweiß**

Für 2 Personen
Gelingt leicht
2 EL Pinienkerne · 1 kleines Bund Basilikum ·
1–2 Knoblauchzehen · 3 EL Olivenöl · 1 EL Parmesan ·
Meersalz · 1 TL Sambal Oelek · 2 Putenschnitzel
à 180 g · 3 rote Paprikaschoten · 1 EL getrockneter
Thymian

1. Die Pinienkerne in einer Pfanne ohne Fett kurz
   rösten. Basilikum waschen und trockenschütteln.
   Den Knoblauch abziehen und grob hacken.
   Pinienkerne, Basilikumblättchen, Knoblauch,
   1 Esslöffel Olivenöl, Parmesan, Salz und Sambal
   Oelek mit dem Schneidstab fein pürieren.

2. Die Putenschnitzel waschen, trockentupfen und
   zwischen Klarsichtfolie flach klopfen. Das Pesto
   gleichmäßig auf dem Fleisch verteilen, zusammenrollen und mit Zahnstochern feststecken.
   Einen Esslöffel Öl in einer Pfanne erhitzen und
   die Röllchen darin von allen Seiten braten.

3. Die Paprikaschoten waschen, halbieren, putzen
   und in Streifen schneiden. Den Backofen auf
   180 °C vorheizen. Paprikastreifen auf ein mit
   Alufolie ausgelegtes Backblech legen, mit dem
   restlichen Öl beträufeln, salzen und mit Thymian
   bestreuen. Im Backofen etwa 15 Minuten grillen.

4. Die Paprikastreifen auf einer Platte anrichten. Die
   Pestoröllchen in breite Scheiben schneiden und
   zusammen mit dem Gemüse servieren.

Lammkotelett mit Grilltomaten

Fit mit Tomaten und guten Gewürzen

▶ **Eiweiß**

Für 2 Personen
Gelingt leicht
2 Knoblauchzehen · 4 Zweige Petersilie ·
1 Zweig Rosmarin · 2 EL Olivenöl · Meersalz ·
1 TL getrockneter Thymian · 6 Tomaten ·
6 Lammkoteletts · frischer Pfeffer aus der Mühle

1. Den Knoblauch abziehen und durch eine Presse drücken. Petersilie waschen, trockenschütteln und fein hacken. Die Rosmarinnadeln fein hacken. Alles zusammen mit der Hälfte des Öls, dem Salz und Thymian mischen. Den Backofen auf 180 °C vorheizen.

2. Die Tomaten waschen, quer halbieren und mit der Schnittseite nach oben auf ein Backblech legen. Die Würzmischung gleichmäßig auf den halbierten Tomaten verteilen und leicht andrücken. Im Backofen 15 bis 18 Minuten braten, bis die Tomatenhaut leicht braun wird.

3. Die Lammkoteletts kalt abwaschen und mit Küchenpapier trocknen. Mit Pfeffer und Salz würzen. Das restliche Öl in einer Pfanne erhitzen und die Koteletts von jeder Seite 3 bis 4 Minuten braten. Zusammen mit den Grilltomaten servieren.

Überbackenes Tomaten-Käse-Schnitzel

Aus Pfanne und Ofen

▶ **Eiweiß**

Für 2 Personen
Gelingt leicht
2 dicke Fleischtomaten · 150 g Mozzarella ·
1 Zweig Basilikum · 1 kleine Zwiebel ·
2 Kalbsschnitzel à 180 g · Pfeffer · Kräutersalz ·
1 EL Olivenöl · 1 TL getrockneter Thymian

1. Die Tomaten waschen, von den Stielansätzen befreien. Zwei dicke Scheiben davon abschneiden, die restlichen Tomaten in Spalten schneiden. Den Mozzarella abtropfen lassen und grob würfeln. Die Basilikumblätter von den Stielen zupfen, abspülen und in feine Streifen schneiden. Die Zwiebel abziehen und fein hacken.

2. Die Kalbsschnitzel kalt abwaschen, trockentupfen, flach klopfen und mit Pfeffer und Kräutersalz würzen. Das Öl in einer Pfanne erhitzen. Die Schnitzel darin bei mittlerer Hitze von jeder Seite 2 bis 3 Minuten goldbraun braten.

3. Das Fleisch aus der Pfanne nehmen, auf ein mit Backpapier ausgelegtes Backblech legen und mit Thymian bestreuen. Mit den Tomatenscheiben und Mozzarellawürfeln belegen, im Backofen bei 180 °C 10 bis 12 Minuten überbacken.

4. Das Fleisch zusammen mit den Tomatenspalten auf einem Teller anrichten und mit Pfeffer und Kräutersalz würzen. Mit den Zwiebelwürfeln und dem Basilikum bestreut servieren.

30 Minuten

Käse-Spargel-Tortilla mit Blattsalat
Schnelles für den kleinen Hunger

▶ **Eiweiß**

Für 2 Personen
Gelingt leicht

250 g Spargel
    Meersalz
60 g Schinken (z. B. roher
    Rinder- oder Lamm-
    schinken)
2 EL Sonnenblumenöl
4 große Eier
2 EL Mineralwasser
3 EL geriebener Käse
    (z. B. Greyerzer, Gouda
    oder Emmentaler)
    Pfeffer
1 Kopfsalat
1 kleines Bund
    Schnittlauch
1 EL Essig

1. Den Spargel schälen und in 6 bis 8 Zentimeter lange Stücke schneiden. In kochendem Salzwasser 10 bis 12 Minuten bissfest garen, aus dem Wasser nehmen und gut abtropfen lassen.

2. Den Schinken in kleine Würfel schneiden. Die Hälfte des Öls in einer beschichteten Pfanne erhitzen und den Schinken darin 1 Minute anbraten. Spargel dazugeben und unter Rühren 1 Minute mitbraten.

3. Die Eier mit dem Mineralwasser verquirlen, den Käse unterrühren und alles mit Pfeffer und Salz würzen. Die Eier über das Gemüse gießen und zugedeckt bei schwacher Hitze 3 bis 4 Minuten stocken lassen. Zwischendurch die Pfanne hin und her rütteln, damit nichts anbackt. Mithilfe eines großen, flachen Topfdeckels wenden und zugedeckt weitere 2 bis 3 Minuten garen.

4. Den Salat putzen, waschen, abtropfen lassen und in mundgerechte Stücke zerpflücken. Den Schnittlauch waschen, trockenschütteln und in feine Röllchen schneiden.

5. Den Salat auf einer Platte anrichten, mit dem restlichen Öl und mit dem Essig beträufeln, leicht salzen und pfeffern. Den Salat mit den Schnittlauchröllchen bestreuen und zusammen mit der heißen Tortilla servieren.

Dänischer Eiersalat
Genuss auf Dänisch

▶ **Eiweiß**

Für 2 Personen
Gelingt leicht

4 Eier · 50 g geräucherter Lachs · 1 Gewürzgurke ·
1 kleine rote Paprikaschote · 50 g geschälte, gegarte
Krabben · 1 kleiner Kopfsalat · 3 Zweige Petersilie ·
150 g Joghurt · 2 EL saure Sahne · 1 TL Senf ·
1 TL Essig · Kräutersalz · 1 TL Currypulver

1. Die Eier hart kochen, mit kaltem Wasser abschrecken, danach schälen und grob hacken. Den
   Lachs in kleine Würfel schneiden.

2. Die Gurke fein hacken. Die Paprikaschote
   waschen, halbieren, putzen und klein würfeln.
   Eier, Lachs, Gurke, Paprikawürfel und Krabben in
   einer Schüssel mischen.

3. Die Salatblätter putzen und waschen, auf einer
   Platte fächerförmig ausbreiten und den Eiersalat
   darauf anrichten.

4. Für das Dressing die Petersilie waschen, trocken-
   tupfen und fein hacken. Joghurt mit Sahne, Senf,
   Essig, Kräutersalz und Currypulver verrühren.
   Das Dressing über den Salat gießen und mit der
   Petersilie bestreut servieren.

Omelett-Pilz-Salat mit Rinderschinken
Herbstliche Schlemmereien

▶ **Eiweiß**

Für 2 Personen
Gelingt leicht

50 g Rinderschinken · 4 Eier · 250 g frische Pilze
(z. B. Pfifferlinge oder Champignons) · 1 EL Butter ·
Pfeffer · Meersalz · 1 kleiner Kopfsalat · 1 EL Essig ·
1 EL Öl · 2 EL Schnittlauchröllchen

1. Den Schinken in kleine Würfel schneiden. Die
   Eier verquirlen und leicht salzen. Die Pilze putzen, abreiben und in kleine Stücke schneiden.

2. Die Butter in einer beschichteten Pfanne nicht
   zu stark erhitzen und die Pilze darin unter
   Rühren etwa 8 Minuten braten. Mit Pfeffer und
   Salz würzen, dann die Pilze aus der Pfanne
   nehmen und auskühlen lassen.

3. Die Schinkenwürfel im restlichen Bratfett kurz
   anbraten. Die Eier zum Schinken in die Pfanne
   gießen und zugedeckt bei schwacher Hitze zu
   einem festen Omelett braten. Danach auskühlen
   lassen und grob würfeln.

4. Die Salatblätter putzen, waschen und auf einer
   Platte fächerförmig ausbreiten. Mit Essig und Öl
   beträufeln und mit Pfeffer und Salz würzen. Die
   gebratenen Pilze und die Omelettstücke darauf
   anrichten. Mit den Schnittlauchröllchen bestreut servieren.

Schwertfisch mit Kopfsalat in Buttermilchdressing

▶ Eiweiß

Für 2 Personen
Gelingt leicht

1 Kopfsalat · 4 EL Mais (TK) · 1 kleines Bund glatte Petersilie · 3 EL Zitronensaft · 120 ml Buttermilch · einige Tropfen Stevia flüssig oder ½ TL flüssiger Honig · Meersalz · 2 Scheiben Schwertfisch à 180 g · 2 Knoblauchzehen · 1 EL Olivenöl

1. Den Kopfsalat putzen, waschen, trocknen und in mundgerechte Stücke zerpflücken. Den Salat zusammen mit dem Mais in einer Schüssel mischen.

2. Für das Dressing die Petersilie waschen, trockenschütteln und fein hacken. Den Zitronensaft mit der Buttermilch, Stevia bzw. Honig, Salz und der gehackten Petersilie kräftig verrühren. Den Salat damit anmachen.

3. Die Fischscheiben kurz abbrausen, trockentupfen und salzen. Den Knoblauch abziehen und grob hacken. Das Öl in einer beschichteten Pfanne erhitzen und den Knoblauch darin kurz anbraten. Den Fisch dazugeben und von jeder Seite etwa 3 bis 4 Minuten braten. Zusammen mit dem Salat servieren.

Seelachs mit Sauce Tatar und Gurkensalat

▶ Eiweiß

Für 2 Personen
Gut vorzubereiten

2 Gewürzgurken · 1 EL Kapern · 200 g griechischer Joghurt · 1 TL Senf · 3 TL Essig · 2 EL gehackte Petersilie · Pfeffer · Kräutersalz · 1 Salatgurke · Meersalz · 1 kleine Zwiebel · ½ kleines Bund Dill · 2 EL saure Sahne · 2 Seelachsfilet à 200 g · 1 EL Öl

1. Für die Sauce die Gewürzgurken und Kapern fein hacken. Alles mit dem Joghurt, Senf, 1 Teelöffel Essig, Petersilie, Pfeffer und Kräutersalz mischen.

2. Für den Salat die Gurke schälen, in feine Scheiben hobeln und leicht salzen. Die Zwiebel abziehen und fein würfeln. Dill waschen, trockenschütteln und fein hacken. Den restlichen Essig mit 8 Esslöffeln Wasser, saurer Sahne, Pfeffer und den Zwiebeln verrühren. Die Gurkenscheiben ausdrücken und unterrühren. Den Salat mit dem Dill bestreuen.

3. Den Fisch waschen, mit Küchenpapier trockentupfen und mild salzen. Das Öl in einer Pfanne erhitzen und den Fisch darin von beiden Seiten je 4 Minuten braten. Zusammen mit der Sauce Tatar und dem Gurkensalat servieren.

30 Minuten

Gedünstete Forellen mit Zitronenmöhren

Marktgemüse mit Zitrone

▶ **Eiweiß**

Für 2 Personen
Gelingt leicht
2 Forellen · 3 Schalotten · 2 EL Butter · 1 l Gemüsebrühe · 600 g Möhren · Meersalz · 1 unbehandelte
Zitrone · 6 Blättchen Zitronenmelisse · 1 TL Honig

1. Die ausgenommenen Forellen waschen und mit
Küchenpapier trockentupfen. Die Schalotten abziehen und fein hacken. Die Hälfte der Butter in
einem kleinen Bräter erhitzen und die Schalotten darin bei schwacher Hitze andünsten. Die
Gemüsebrühe angießen und erhitzen, jedoch
nicht kochen lassen. Die Fische dazugeben und
zugedeckt bei mittlerer Hitze in 15 bis 18 Minuten gar ziehen lassen.

2. Die Möhren waschen, putzen und in dünne
Scheiben schneiden. In wenig Salzwasser in
12 Minuten bissfest garen, aus dem Wasser
nehmen und gut abtropfen lassen.

3. Die Zitrone waschen, abtrocknen und die Schale
abreiben. Eine Zitronenhälfte auspressen. Die
restliche Butter und Honig in einem Topf
schmelzen lassen und die Möhren darin unter
Rühren zart anbraten. Zitronensaft, abgeriebene
Schale und Zitronenmelisse dazugeben und alles
kurz durchschwenken. Die Fische aus dem
Bräter nehmen und zusammen mit den Zitro-
nenmöhren servieren.

Fischfilets in Folie mit Buttergemüse

Munter mit Mineralstoffen

▶ **Eiweiß**

Für 2 Personen
Gut vorzubereiten
2 Fischfilets à 200 g (z. B. Kabeljau, Rotbarsch oder
Schellfisch) · 1 EL Öl · Pfeffer · Meersalz · 2 Scheiben
Zitrone · 2 Zweige Dill · 3 Möhren · 250 g Blumenkohl · 100 g Erbsen (TK) · 100 g Maiskörner (TK) ·
40 g Kräuterbutter

1. Den Backofen auf 200 °C vorheizen. Zwei ausreichend große Stücke Alufolie zuschneiden und
mit dem Öl einfetten.

2. Den Fisch waschen, mit Küchenpapier trockentupfen und mit Pfeffer und Salz würzen. Den
Fisch auf die Folie legen, mit je einer Zitronenscheibe und einem Zweig Dill belegen. Die Folie
gut verschließen und im Backofen 20 Minuten
garen.

3. Die Möhren waschen, putzen und in Scheiben
schneiden. Den Blumenkohl putzen, waschen
und in kleine Röschen schneiden. Das Gemüse
in kochendem Salzwasser 8 Minuten garen,
dann die Erbsen und Maiskörner dazugeben und
weitere 5 bis 8 Minuten leise kochen lassen.

4. Das Gemüse aus dem Wasser heben und gut
abtropfen lassen. Die Kräuterbutter auf dem
Gemüse schmelzen lassen. Den Fisch aus dem
Ofen nehmen und vorsichtig die Folie entfernen.
Zusammen mit dem Buttergemüse servieren.

Dill-Schmorgurken mit Lachsfilet
Schnell, leicht und lecker

▶ **Eiweiß**

Für 2 Personen
Gelingt leicht
1 Zwiebel · 600 g Schmorgurke oder Salatgurke ·
1 Bund Dill · 2 EL Öl · Pfeffer · Meersalz ·
400 g Lachsfilet · 1 unbehandelte Zitrone ·
2 EL Frischkäse

1. Die Zwiebel abziehen und fein hacken. Die Gurke schälen, halbieren und in kleine Würfel schneiden. Den Dill waschen, trockenschütteln und fein hacken.

2. Die Hälfte des Öls in einer Pfanne erhitzen und die Zwiebel darin glasig dünsten. Die Gurkenwürfel dazugeben, mit Pfeffer und Salz würzen und unter gelegentlichem Umrühren 8 bis 10 Minuten schmoren lassen.

3. Das Lachsfilet kurz waschen, mit Küchenpapier trockentupfen und zart salzen. Die Zitrone in Scheiben schneiden. Das restliche Öl in einer zweiten Pfanne erhitzen und mit den Zitronenscheiben auslegen. Den Fisch auf die Zitronenscheiben legen und in der geschlossenen Pfanne 8 bis 10 Minuten dünsten.

4. Den Frischkäse unter die Schmorgurke rühren und mit dem Dill bestreuen. Den Fisch aus der Pfanne nehmen und zusammen mit der Schmorgurke servieren.

Garnelen mit Julienne-Gemüse aus dem Wok

▶ **Eiweiß**

Für 2 Personen
Gut vorzubereiten
1 Stange Lauch · 1 kleine Knolle Sellerie · 4 Möhren ·
Meersalz · 1 EL Öl · 350 g geschälte rohe Garnelen
(ersatzweise Krabben) · 2 EL Sojasauce ·
1 TL Sambal Oelek · einige Zweige Koriander

1. Den Lauch putzen und gründlich waschen. Den Sellerie und die Möhren putzen, waschen und schälen. Lauch, Sellerie und Möhren zuerst in 3 Zentimeter lange Stücke schneiden, danach in schmale Streifen schneiden.

2. Die Gemüsestreifen in kochendem, leicht gesalzenem Wasser etwa 2 Minuten blanchieren, in ein Sieb geben und gut abtropfen lassen.

3. Den Wok heiß werden lassen und das Öl darin erhitzen. Garnelen zufügen und bei starker Hitze 1 Minute scharf anbraten.

4. Das blanchierte Gemüse dazugeben und weitere 3 bis 4 Minuten unter Rühren braten. Mit Sojasauce und Sambal Oelek würzen. Mit dem Koriander garnieren.

30 Minuten

Tolle Rezepte für 45 Minuten

Rezepte zum Genießen: Auch wenn manche Trennkostgerichte eine etwas längere Zubereitungszeit benötigen, sind sie selbst für weniger Geübte problemlos nachzukochen. Probieren Sie's einfach aus!

Und hier geht es auch gleich los mit 35 neuen raffinierten Rezepten für Trennkostgerichte, die alle in 45 Minuten fertig zubereitet sind. Wie wär's zur Abwechslung einmal mit Puten-Souvlaki zu marinierten Zucchini und Zatziki oder, ganz vegetarisch, einem scharfen Couscous-Gemüse-Gratin? Alle Rezepte in diesem Buch werden in kleinen Schritten einfach und verständlich erklärt, damit die Gerichte auch von Menschen mit bescheideneren Kochkünsten zubereitet werden können.

Ein weiteres Plus: Trennkost ist für jeden Geldbeutel erschwinglich, da man zum Einkauf keine teuren Spezialgeschäfte aufsuchen muss.

Kein doppeltes Kochen. Für Familienmitglieder, die nicht harmonisch nach den Regeln der Trennkost essen möchten, ist ein Mehraufwand beim Kochen nicht erforderlich. Ergänzen Sie einfach eine eiweißhaltige Mahlzeit mit Kartoffeln, Reis, Nudeln oder Brot und, im umgekehrten Fall, eine Kohlenhydratmahlzeit mit Fleisch, Fisch oder Eiern. So können Sie ohne Mühe fast jede Trennkostmahlzeit in „Normalkost" zurückverwandeln.

Was ist abends günstiger? Die am häufigsten gestellte Frage zur Trennkost: Ist abends eine Koh-

◄ Lachsspieße auf Orangen-Fenchel, S. 110

lenhydrat- oder eine Eiweiß-mahlzeit bekömmlicher? Dr. Howard Hay empfahl, vor dem Schlafengehen auf schwer verdauliche Eiweißgerichte zu verzichten, da diese ansonsten zu lange im Magen und Darm verweilen würden. Durch Wärme und Feuchtigkeit käme es nach der Mahlzeit schnell zu einer Gärungs- und Fäulnisbildung, welche sich negativ auf die Verdauung und das Säure-Basen-Gleichgewicht auswirken könnte.

Gesünder und bekömmlicher am Abend wäre ein leichter Kohlenhydratimbiss. Dieser fördert das „Schlafhormon" Mela-tonin, erleichtert so das Einschlafen und sorgt für einen erholsamen Schlaf.

Neuere Abnehmmethoden empfehlen, zur Gewichtsabnahme am Abend auf Kohlenhydrate zu verzichten, damit über Nacht die Fettreserven angegriffen werden. In Hinsicht auf den Blutzuckerspiegel ist dies tatsächlich sinnvoll. Dennoch machte ich in meinen Trennkost-Seminaren die Erfahrung, dass Kohlenhydrate, am Abend gegessen, auch zur Gewichtsabnahme führen. Entscheiden Sie jedoch selbst nach individueller Verträglichkeit.

Bei gebündelten Möhren sollten Sie sofort das Kraut entfernen, da dieses den Möhren den Saft entzieht, wodurch sie schneller zusammenschrumpfen.

Damit Kopfsalat nicht so schnell welkt, wickeln Sie ihn eng in feuchtes Haushaltpapier und legen Sie ihn dann in den Kühlschrank. Verfahren Sie ebenso mit frischen Kräutern.

Kann man das – eine Kokosnuss ganz ohne Hammer und Meißel knacken? Ganz einfach: Legen Sie die Nuss für etwa 15 bis 20 Minuten in den heißen Backofen. In der Schale entstehen Sprünge und die Frucht lässt sich leicht öffnen.

Tipps und Tricks aus der guten alten Zeit

Eine angeschnittene Zwiebel hält sich länger frisch, wenn Sie die Schnittstelle mit Butter bestreichen, dann in Alufolie wickeln und kühl aufbewahren.

Bratkartoffeln schmecken am besten, wenn man die Pellkartoffeln einen Tag stehen lässt. Auf jeden Fall sollten die Kartoffeln kalt sein, sonst saugen sie zu viel Fett auf.

Kochen Sie beim Blumenkohl immer auch einige grüne Blätter mit, dann schmeckt er herzhafter. Geben Sie außerdem in das Kochwasser einen Schuß Sahne hinzu, dann bleibt das Gemüse schön weiß.

Frische Erdbeeren schmecken süßer, wenn Sie diese mit einem Spritzer Zitronensaft aromatisieren.

Äpfel und Birnen sollten Sie nicht gemeinsam in einer Schale dekorieren. Die verschiedenen Säuren der beiden Früchte vertragen sich nicht, dadurch verderben sie schneller.

Honig lässt sich ganz einfach abwiegen, indem Sie das volle Honigglas wiegen. Dann die Waage um das gewünschte geringere Gewicht einstellen und esslöffelweise den Honig entnehmen.

45 Minuten

91

Gemüse-Nudel-Auflauf mit Mozzarella
Bunte Überraschung aus dem Ofen

▶ **Kohlenhydrate**

Für 2 Personen
Gelingt leicht
160 g kleine Röhrennudeln · Meersalz · 1 Zwiebel ·
1 Knoblauchzehe · 1 Zucchini · 200 g Champignons ·
1 EL Öl · frischer Pfeffer aus der Mühle ·
125 g Mozzarella

1. Die Nudeln in reichlich leicht gesalzenem kochendem Wasser bissfest garen, dann abgießen und abtropfen lassen.

2. Die Zwiebel abziehen und in dünne Ringe schneiden. Den Knoblauch abziehen und grob hacken. Zucchini waschen, putzen und in Scheiben schneiden. Die Champignons putzen, abreiben und grob würfeln. Den Backofen auf 180 °C Grad vorheizen.

3. Das Öl in einer beschichteten Pfanne erhitzen, Zwiebeln und Knoblauch darin glasig dünsten. Zucchini und Pilze zufügen und unter Rühren etwa 5 Minuten kräftig braten. Nudeln unterheben, alles mit Pfeffer und Salz würzen, dann in eine Auflaufform geben.

4. Den Mozzarella abtropfen lassen, in Scheiben schneiden und gleichmäßig auf den Nudeln verteilen. Im Backofen etwa 15 Minuten überbacken, bis der Käse geschmolzen ist.

Spanische Nudelpaella
Eine Spezialität, die jeder mag

▶ **Kohlenhydrate**

Für 2 Personen
Gelingt leicht
1 rote Paprikaschote · 150 g Champignons ·
5 Stangen grüner Spargel · 1 Zucchini · 1 Zwiebel ·
2 Knoblauchzehen · 1 ½ EL Öl · 300 ml Gemüsebrühe · 140 g reisförmige Nudeln (Risoni) · Pfeffer ·
Meersalz · 1 TL Kurkuma · 1 TL gerebelter Oregano

1. Die Paprikaschote waschen, putzen und in 1 Zentimeter breite Streifen schneiden. Die Pilze putzen und würfeln. Den Spargel waschen, putzen und in 4 Zentimeter lange Stücke brechen. Die Zucchini putzen und würfeln. Zwiebel und Knoblauch abziehen und fein hacken.

2. Das Öl in einer Pfanne erhitzen und die Paprikastreifen darin 3 bis 4 Minuten braten. Dann aus der Pfanne nehmen und beiseite stellen.

3. Zwiebel und Knoblauch im restlichen Bratfett glasig dünsten. Pilze, Spargel und Zucchiniwürfel hinzufügen und unter Rühren 3 bis 4 Minuten scharf braten. Die Brühe angießen und aufkochen lassen.

4. Die Nudeln unterrühren und bissfest garen. Danach weiter braten, bis alles Wasser verdampft ist und sich am Pfannenboden eine leichte Kruste gebildet hat. Mit Pfeffer, Salz, Kurkuma und Oregano würzen. Die Paprikastreifen dekorativ auf die Paella setzen und servieren.

Gemüse-Nudel-Salat mit Käse und Salami

Antipasti mit Balsamico-Nudeln
Herzhaftes für den Feinschmecker

▶ **Kohlenhydrate**

Für 2 Personen
Gut vorzubereiten
160 g Hörnchennudeln · Meersalz · 250 g kleine Möhren · 150 g Erbsen (TK) · 1 Stück Salatgurke (10 cm) · 80 g Emmentaler · 60 g Rindersalami · 1 kleines Bund Petersilie · 150 g Joghurt · 1 EL Mayonnaise · Senf · 1 EL Obstessig · Pfeffer · Kräutersalz

▶ **Kohlenhydrate**

Für 2 Personen
Gelingt leicht
160 g Penne · Meersalz · 5 EL Olivenöl · 1 Aubergine · 2 Zucchini · 1–2 Knoblauchzehen · ½ kleine Chilischote · 125 g Champignons · 1 TL getrockneter Thymian · 2 EL alter Balsamico-Essig · 50 g Parmesankäse

1. Die Nudeln in reichlich leicht gesalzenem kochenden Wasser bissfest garen, dann abgießen und abtropfen lassen.

2. Die Möhren waschen, mit Wasser bedecken und mit der Schale in 20 Minuten garen. Danach aus dem Wasser nehmen, etwas abkühlen lassen, schälen und in dünne Scheiben schneiden. Die Erbsen in wenig Salzwasser 10 Minuten kochen, herausnehmen und abkühlen lassen. Das Kochwasser beiseite stellen.

3. Die Gurke schälen und in kleine Stücke schneiden. Käse und Salami in kleine Würfel schneiden. Die Nudeln mit Möhren, Erbsen, Gurke, Käse und Salamiwürfel mischen. Die Petersilie waschen, trockenschütteln und fein hacken.

4. Für das Dressing den Joghurt mit der Mayonnaise, 3 Esslöffeln Erbsenkochwasser, dem Senf, Essig, Pfeffer und Kräutersalz cremig verrühren. Das Dressing mit dem Nudelsalat mischen. Mit der Petersilie bestreut servieren.

1. Die Nudeln in reichlich leicht gesalzenem Wasser bissfest garen, dann abgießen, abtropfen lassen und sofort mit 1 Esslöffel Öl mischen.

2. Aubergine und Zucchini waschen, putzen und in 1 Zentimeter dicke Scheiben schneiden. Die Auberginen mit Salz bestreuen, kurz ziehen lassen, danach mit Küchenkrepp trocknen. Knoblauch abziehen und hacken. Die Chilischote putzen, waschen und in kleine Streifen schneiden. Die Pilze putzen und grob würfeln.

3. Auberginen- und Zucchinischeiben mit einem Pinsel von beiden Seiten mit dem restlichen Öl bestreichen. Eine große Pfanne erhitzen und das Gemüse darin von beiden Seiten braten. Anschließend herausnehmen und beiseite stellen.

4. Im restlichen Bratfett Knoblauch, Chili und Pilze etwa 5 Minuten braten. Auberginen und Zucchini dazugeben und die Nudeln unterrühren. Mit Thymian, Essig und Salz würzen. Den Parmesankäse grob darüber reiben und servieren.

45 Minuten

Hausgemachte Vollkornspätzle mit Pfifferlingen

So gut wie früher bei Oma

▶ **Kohlenhydrate**

Für 2 Personen
Braucht etwas mehr Zeit

2 Eigelb
Meersalz
100 g feines Dinkelvollkornmehl
1 l Gemüsebrühe
1 kleine Zwiebel
250 g Pfifferlinge
½ kleines Bund Petersilie
1 EL Sonnenblumenöl
Pfeffer
Kräutersalz
4 EL Sahne

1. Das Eigelb mit 100 Millilitern Wasser und Salz verquirlen. Das Mehl unterrühren und den Teig kurze Zeit quellen lassen.

2. Die Gemüsebrühe in einem Topf zum Kochen bringen. Den Spätzleteig portionsweise auf ein kleines, abgeflachtes Holzbrett streichen. Ein breites Messer mit stumpfer Klinke in das kochende Wasser tauchen und den Teig damit in feinen Streifen in das Wasser schaben.

3. Die Spätzle 1 bis 2 Minuten ziehen lassen, bis sie an der Oberfläche schwimmen. Mit einem Schaumlöffel herausheben, kurz mit kaltem Wasser abbrausen und beiseite stellen.

4. Die Zwiebel abziehen und fein würfeln. Die Pilze putzen und in Streifen schneiden. Die Petersilie waschen, trockentupfen und fein hacken.

5. Das Öl in einer beschichteten Pfanne erhitzen, Zwiebelwürfel und Pilze darin unter Wenden 8 bis 10 Minuten braten. Die Spätzle dazugeben und mitbraten. Mit Pfeffer und Kräutersalz fein würzen. Die Sahne dazugießen, alles mischen und mit der Petersilie bestreut servieren.

Couscous-Gemüse mit Pilzen und Nüssen
Schmeckt kalt und warm köstlich

▶ Kohlenhydrate

Für 2 Personen
Gelingt leicht
2 EL Haselnüsse · 100 g Couscous · 300 ml Gemüsebrühe · etwas Kurkuma · 2 Frühlingszwiebeln ·
1 rote Paprikaschote · 200 g Champignons · 1 EL Öl ·
1 Zweig Minze · 150 g Joghurt · Pfeffer · Kräutersalz

1. Die Haselnüsse grob hacken, in einer Pfanne
   ohne Fett kurz rösten, dann beiseite stellen.

2. Den Couscous in die Gemüsebrühe einstreuen,
   Kurkuma dazugeben und alles einmal aufkochen
   lassen. Bei ausgeschalteter Herdplatte den
   Couscous 15 Minuten ausquellen lassen.

3. Die Frühlingszwiebeln putzen und waschen. Das
   Grün in Röllchen, das Weiße in kleine Würfel
   schneiden. Die Paprikaschote waschen, halbieren, putzen und klein würfeln. Die Champignons
   putzen und in Scheiben schneiden.

4. Das Öl in einer Pfanne erhitzen und das Gemüse
   darin unter Rühren 3 bis 4 Minuten braten. Von
   der Kochstelle nehmen und auskühlen lassen.
   Die Minze in feine Streifen schneiden.

5. Gemüse und Couscous in einer Schüssel mischen. Den Joghurt unterrühren und alles mit
   Pfeffer und Salz würzen. Mit der Minze und den
   Haselnüssen bestreut servieren, pro Portion eine
   in Spalten geschnittene Tomate dazureichen.

Scharfes Couscous-Gemüse-Gratin
Aus Pfanne und Ofen

▶ Kohlenhydrate

Für 2 Personen
Gelingt leicht
2 EL Pinienkerne · 100 g Couscous · 300 ml Gemüsebrühe · 1–2 Knoblauchzehen · ½ Chilischote ·
200 g Austernpilze · 2 Zucchini · 1 rote Paprikaschote · 1 EL Öl · Meersalz · 80 g geriebener Käse
(z. B. Greyerzer)

1. Die Pinienkerne in einer Pfanne ohne Fett kurz
   rösten, dann beiseite stellen.

2. Den Couscous in die Gemüsebrühe einstreuen,
   alles einmal aufkochen lassen und bei ausgeschalteter Herdplatte zugedeckt 15 bis
   20 Minuten lang ausquellen lassen.

3. Knoblauch abziehen und fein hacken. Die
   Chilischote putzen, waschen, in Streifen schneiden und die Kerne dabei entfernen. Die Austernpilze putzen und in Streifen schneiden. Zucchini
   und Paprika waschen, putzen und in Würfel
   schneiden. Den Backofen auf 180 °C vorheizen.

4. Das Öl in einer Pfanne erhitzen und den Knoblauch darin eine Minute dünsten. Pilze, Zucchi-
   ni- und Paprikawürfel dazugeben und unter
   Rühren 5 Minuten braten. Mit Salz würzen.

5. Den Couscous in eine Auflaufform geben, die
   Pinienkerne darüberstreuen und das Gemüse
   darauf verteilen. Mit dem Käse bestreuen und
   im Backofen etwa 15 Minuten überbacken.

Orientalischer Bulgur mit Curry
Mit Banane und Kokosmilch

▶ **Kohlenhydrate**

Für 2 Personen
Gelingt leicht
2 EL Pinienkerne · 2 EL Rosinen · 1 Zwiebel · 1 EL Öl ·
100 g Bulgur · 275 ml Gemüsebrühe · 120 ml Kokosmilch · 1 kleiner Blumenkohl · Meersalz · 2 EL Sojacreme · 1 Msp. Cayennepfeffer · ½ TL Kardamom ·
½ TL Nelkenpulver · 1–2 TL Currypulver · 1 Banane

1. Die Pinienkerne ohne Fett in einer beschichteten
   Pfanne kurz rösten, dann auf einen Teller geben
   und beiseite stellen. Die Rosinen heiß abspülen.

2. Die Zwiebel abziehen und fein würfeln. Das Öl in
   einer beschichteten Pfanne erhitzen. Zwiebel
   und Bulgur darin anbraten. Mit der Brühe und
   Kokosmilch ablöschen und bei schwacher Hitze
   zugedeckt 15 Minuten ausquellen lassen.

3. Den Blumenkohl waschen, putzen und in kleine
   Röschen teilen. In kochendem Salzwasser 8 bis
   10 Minuten bissfest garen, herausnehmen und
   abtropfen lassen.

4. Den Blumenkohl und die Rosinen vorsichtig
   unter den Bulgur heben. Die Sojacreme unterrühren und alles mit Salz, Cayennepfeffer,
   Kardamom, Nelken- und Currypulver würzen.

5. Die Banane schälen und in Scheiben schneiden.
   Bananenscheiben auf dem Bulgur anrichten. Mit
   den Pinienkernen bestreut servieren.

Ingwer-Bulgur mit Möhren- und Apfelstückchen

▶ **Kohlenhydrate**

Für 2 Personen
Gelingt leicht
2 EL Mandelblättchen · 2 EL Rosinen · 100 g Bulgur ·
Meersalz · 1 Zwiebel · 500 g Möhren · 1 mürber Apfel ·
1 kleines Stück Ingwer, haselnussgroß · 1 EL Butter ·
1 Msp. Cayennepfeffer

1. Die Mandelblättchen in einer Pfanne ohne Fett
   goldbraun rösten. Die Rosinen mit kochendem
   Wasser übergießen, 5 Minuten quellen lassen,
   dann abgießen und beiseite stellen.

2. Den Bulgur in 275 Milliliter kochendes Salzwasser geben. Zugedeckt etwa 15 Minuten
   quellen lassen, bis das Wasser aufgesogen ist.
   Den Bulgur mit einer Gabel auflockern.

3. Zwiebel und Möhren schälen und beides in
   kleine Würfel schneiden. Den Apfel waschen,
   vierteln, entkernen und in kleine Würfel schneiden. Den Ingwer schälen und sehr fein hacken.

4. Butter in einer Pfanne schmelzen lassen, Zwie-
   bel- und Möhrenwürfel dazugeben und unter
   gelegentlichem Rühren bei geringer Hitze 12 bis
   15 Minuten braten. Die Apfelstücke dazugeben
   und weitere 5 Minuten schmoren lassen. Bulgur,
   Rosinen und Ingwer unterrühren. Das Gericht
   mit Salz und Cayennepfeffer würzen. Mit den
   Mandelblättchen bestreut servieren.

45 Minuten

Scharfes Paprika-Reis-Gratin

Mehr als nur ein kleiner Imbiss

▶ **Kohlenhydrate**

Für 2 Personen
Gelingt leicht

120 g	parboiled Reis
	Meersalz
2	Frühlingszwiebeln
1	große rote Paprikaschote
150 g	Champignons
1 EL	Öl
50 ml	Gemüsebrühe
1–2 TL	Sambal Oelek
	Kurkuma
100 g	geriebener Greyerzer Käse

1. Den Reis in einen Topf geben, mit leicht gesalzenem Wasser bedecken und bei schwacher Hitze 10 Minuten leise kochen lassen. Den Herd ausschalten und den Reis weitere 10 Minuten quellen lassen. Den Backofen auf 200 °C vorheizen.

2. Die Frühlingszwiebeln putzen und waschen. Das Grün in Röllchen, das Weiße in kleine Würfel schneiden. Die Paprikaschote waschen, halbieren, putzen und klein würfeln. Die Pilze putzen, abreiben und in dünne Scheiben schneiden.

3. Das Öl in einer beschichteten Pfanne erhitzen, Zwiebeln, Paprika und Pilze darin unter Rühren etwa 5 Minuten kräftig anbraten. Den Reis unter das Gemüse mischen, die Brühe dazugießen und alles mit Sambal Oelek, Kurkuma und Salz würzen.

4. Die Gemüse-Reis-Mischung in eine Auflaufform füllen und den Käse gleichmäßig darauf verteilen. Im Backofen 12 bis 15 Minuten überbacken, bis der Käse leicht gebräunt ist.

45 Minuten

Gefüllte Paprikaschoten
Eine Spezialität ohne Fleisch

Gemüse-Reis-Auflauf mit Käsekruste

▶ **Kohlenhydrate**

Für 2 Personen
Preisgünstig
125 g parboiled Vollkornreis · Meersalz · 2 Paprikaschoten · 1 Zwiebel · 200 g Champignons · 2 EL Öl ·
125 g Erbsen (TK) · 1 TL Curry · Pfeffer · einige Spritzer
Worcestersauce · 80 g Schafskäse · 125 ml Gemüsebrühe · 2 EL Sahne · 2 Fleischtomaten

▶ **Kohlenhydrate**

Für 2 Personen
Gut vorzubereiten
120 g Naturreis (10 Minuten) · Meersalz · 2 junge
Kohlrabis · 1 Stange Lauch · 1 EL Butter · 100 g Mais
(TK) · 50 ml Gemüsebrühe · 5 EL Sahne · 1 TL Curry ·
½ TL Kurkuma · 100 g geriebener Emmentaler Käse

1. Den Reis in einen Topf geben, mit leicht gesalzenem Wasser bedecken, kurz aufkochen und bei
schwacher Hitze 10 Minuten garen lassen.

2. Von den Paprikaschoten jeweils einen Deckel
abschneiden, die Schoten entkernen und waschen. Die Zwiebel abziehen und hacken. Die
Champignons putzen und in Würfel schneiden.

3. Zwiebel und Pilze mit 1 Esslöffel Öl in einer beschichteten Pfanne anbraten. Erbsen hinzufügen,
mit Curry, Pfeffer, Salz und Worcestersauce würzen und 10 Minuten garen. Den Käse zerbröseln.

4. Den Reis zusammen mit dem Käse zu dem
Pilzgemüse geben, die Mischung in die Schoten
füllen und die Deckel aufsetzen. Das restliche Öl
in einem Topf erhitzen und die Paprikaschoten
darin anbraten. Die Gemüsebrühe dazugießen
und zugedeckt 20 Minuten leise kochen lassen.
Sahne in die Sauce rühren und die Paprikaschoten zusammen mit den Tomaten servieren.

1. Den Reis in einen Topf geben, mit leicht gesalzenem Wasser gut bedecken, einmal aufkochen
lassen und zugedeckt bei schwacher Hitze 10 bis
12 Minuten garen lassen.

2. Die Kohlrabiknollen schälen und in kleine
Würfel schneiden. Lauch putzen, waschen und
in dünne Ringe schneiden. Die Butter in einer
Pfanne erhitzen. Kohlrabi, Lauch und Mais darin
unter Rühren 4 bis 5 Minuten braten. Den
Backofen auf 180 °C vorheizen.

3. Den Reis aus dem Wasser heben, abtropfen
lassen und unter das Gemüse mischen. Die
Gemüsebrühe und die Sahne dazugießen. Mit
Curry und Kurkuma würzen. Die Mischung in
eine Auflaufform füllen und den Käse gleichmäßig darauf verteilen. Im Backofen etwa
15 Minuten überbacken.

Italienische Blechkartoffeln mit Kräuterdip

▶ Kohlenhydrate

Für 2 Personen
Gelingt leicht

400 g kleine, neue Kartoffeln · 400 g Rote Bete ·
1 Zweig Rosmarin · 2 Zweige Thymian · 2 EL Öl ·
grobes Meersalz · 14 schwarze Oliven · 5 EL alter
Balsamico-Essig · 1 Bund gemischte Kräuter (Petersilie, Schnittlauch, Dill, Sauerampfer) · 1 kleine
Zwiebel · 80 g saure Sahne · 150 g Joghurt · Pfeffer ·
Kräutersalz

1. Den Backofen auf 200 °C vorheizen. Die Kartof-
feln waschen und der Länge nach halbieren. Die
Rote Bete schälen und in Spalten schneiden.
Rosmarin und Thymian grob zerkleinern.

2. Kartoffeln und Rote Bete auf ein mit Öl bestri-
chenes Backblech geben. Mit grobem Salz und
den Kräutern bestreuen. Im Backofen auf der
mittleren Schiene 25 Minuten backen.

3. Kartoffeln und Rote Bete mit einem Wender
etwas auflockern, dann die Oliven dazugeben
und alles mit dem Essig beträufeln. Weitere
10 bis 15 Minuten backen.

4. In der Zwischenzeit die Kräuter waschen,
verlesen und sehr fein hacken, die Zwiebel
abziehen und fein würfeln. Die saure Sahne mit
dem Joghurt gut verrühren. Die gehackten
Kräuter und die Zwiebelwürfel untermischen.
Mit Pfeffer und Kräutersalz würzen. Den Kräu-
terdip zusammen mit dem Gemüse servieren.

Gratinierte Kartoffeln mit Spinat

Das besondere Gericht

▶ Kohlenhydrate

Für 2 Personen
Preisgünstig

400 g Kartoffeln · 1 kleine Zwiebel · 2 kleine Knoblauchzehen · 600 g frischer Spinat · 1 EL Olivenöl ·
Pfeffer · Meersalz · 250 g Mozzarella · 1 EL Crème
fraîche

1. Die Kartoffeln mit Schale in 20 Minuten garen,
dann das Kochwasser abgießen. Die Kartoffeln
leicht auskühlen lassen, dann der Länge nach
halbieren.

2. Zwiebel und Knoblauchzehen abziehen und fein
würfeln. Den Spinat gründlich waschen und
putzen. Das Öl in einem Topf erhitzen, die Zwie-
bel- und Knoblauchwürfel darin dünsten. Den
Spinat dazugeben, kurz anbraten, dann zugedeckt
zusammenfallen lassen. Die halbierten Kartoffeln
mit der Schnittfläche nach oben in eine Auflaufform setzen, mit Pfeffer und Salz würzen und mit
einigen gekochten Spinatblättern belegen.

3. Den Mozzarella in Scheiben schneiden und die
Kartoffeln damit belegen. Im Backofen bei 200 °C
etwa 12 Minuten überbacken.

4. Crème fraîche unter den restlichen Spinat
rühren und mit Salz abschmecken. Zusammen
mit den Kartoffeln servieren.

45 Minuten

101

Kartoffel-Käse-Gratin
Für den großen Hunger

▶ **Kohlenhydrate**

Für 2 Personen
Gelingt leicht
400 g Kartoffeln · Meersalz · 2 junge Kohlrabiknollen · 1 EL Butter · 150 ml Gemüsebrühe ·
1 kleines Bund Petersilie · 60 ml Sahne ·
60 g geriebener Greyerzer Käse · 100 g Greyerzer
Käse in Scheiben

1. Die Kartoffeln schälen, vierteln, mit Salzwasser
   knapp bedecken und zugedeckt in 15 Minuten
   halbgar kochen.

2. Kohlrabi waschen, putzen und fein würfeln. Die
   Butter in einem Topf schmelzen lassen. Kohlrabi
   darin bei mittlerer Hitze unter Rühren 3 Minuten anbraten. Mit der Gemüsebrühe löschen und
   das Gemüse zugedeckt in 8 Minuten bissfest
   garen.

3. Die Petersilie waschen, trockentupfen und fein
   hacken. Petersilie, Sahne und den geriebenen
   Käse unter das Gemüse rühren. Den Backofen
   auf 200 °C vorheizen.

4. Die Kartoffelstücke in eine feuerfeste Form
   geben. Das Gemüse zusammen mit der Käse-
   Sahne-Sauce gleichmäßig auf den Kartoffeln
   verteilen und mit den Käsescheiben belegen.
   Den Kartoffel-Gemüse-Auflauf im Backofen
   12 bis 15 Minuten überbacken.

Bunter Kartoffelsalat
Der Salat für die ganze Familie

▶ **Kohlenhydrate**

Für 2 Personen
Gelingt leicht
400 g kleine Kartoffeln · 150 g Möhren ·
150 g Erbsen (TK) · Meersalz · 1 rote Paprikaschote ·
100 g roher Putenlachsschinken · 1 kleines Bund
Petersilie · 1 EL Obstessig · 175 g griechischer
Joghurt · 1 TL Senf · Pfeffer · Kräutersalz

1. Die Kartoffeln mit Schale in 25 Minuten garen,
   dann das Wasser abgießen. Die Kartoffeln leicht
   auskühlen lassen, schälen und in dünne Scheiben schneiden.

2. Die Möhren putzen, waschen, schälen und in
   kleine Würfel schneiden. Möhren zusammen
   mit den Erbsen in wenig leicht gesalzenem
   Wasser gar dünsten, dann aus dem Wasser
   nehmen und gut abtropfen lassen. Etwas
   Kochwasser beiseite stellen.

3. Die Paprikaschote halbieren, putzen, waschen
   und in kleine Würfel schneiden. Den Schinken
   in kleine Streifen schneiden. Die Kartoffeln mit
   dem Gemüse und Schinken gut vermischen.

4. Für das Dressing die Petersilie waschen, trockenschütteln und fein hacken. Essig mit Joghurt,
   Senf, 3 Esslöffeln Gemüsekochwasser, Pfeffer
   und Kräutersalz verrühren. Das Dressing mit
   dem Kartoffelsalat gut mischen. Mit der Petersilie bestreut servieren.

Roter Heringssalat
Nicht nur zu Silvester

► **Kohlenhydrate**

Für 2 Personen
Gelingt leicht
1 Rote Bete · 400 g Kartoffeln · 1 Zwiebel · 1 mürber
Apfel · 1 Stück Salatgurke (12 cm) · 8 Walnuss-
hälften · 6 Matjesfilets · 1 kleines Bund Petersilie ·
3 EL saure Sahne · 150 g Joghurt · 1 EL Obstessig ·
1 TL Senf · Kräutersalz

1. Die Rote Bete schälen, in kleine Würfel schneiden und in wenig Wasser in 15 Minuten garen.
Herausnehmen, den Sud beiseite stellen. Die
Kartoffeln waschen und mit der Schale in Wasser in 20 bis 25 Minuten garen, abkühlen lassen,
schälen und in kleine Würfel schneiden.

2. Die Zwiebel abziehen und fein hacken. Den Apfel
waschen, vierteln, entkernen und fein würfeln.
Die Gurke schälen, längs halbieren, mit einem
Löffel entkernen und ebenfalls in kleine Würfel
schneiden. Die Walnüsse grob hacken. Den Fisch
in feine Streifen schneiden. Die Rote Bete mit
den Kartoffeln, der Zwiebel, den Äpfeln, Gurken,
Nüssen und dem Fisch vermischen.

3. Die Petersilie waschen, trockenschütteln und
hacken. Saure Sahne, Joghurt, Essig, 3 Esslöffel
Rote-Bete-Sud, Senf, Salz und Petersilie miteinander verrühren. Das Dressing mit dem Salat vermischen, kurz ziehen lassen und gekühlt servieren.

45 Minuten

Ananas-Barbecue-Spieße mit Salat

Feinste Küche – so gesund

► **Eiweiß**

Für 2 Personen
Gut vorzubereiten
1 kleine Ananas · 2 Stauden Chicorée · 1 säuerlicher Apfel · 1 kleine Salatgurke · 3 EL Zitronensaft · 3 EL Öl · einige Tropfen Stevia flüssig bzw. Honig · Meersalz · 2 EL gehackte glatte Petersilie · 1–2 TL Currypulver · 300 g Puten- oder Rindersteak · 2 rote Zwiebeln · 12 Kirschtomaten

1. Die Ananas schälen, halbieren, vom harten Strunk befreien und die Frucht in Würfel schneiden. Die Hälfte davon für die Spieße beiseite legen. Den Chicorée putzen und in kleine Streifen schneiden. Den Apfel waschen, vierteln, entkernen, die Gurke schälen. Beides klein würfeln. Ananaswürfel, Chicorée, Apfel- und Gurkenwürfel in einer Schüssel mischen.

2. Für das Dressing Zitronensaft mit 1 Esslöffel Öl, 3 Esslöffeln Wasser, Stevia bzw. Honig und Salz verrühren. Die Sauce mit dem Salat mischen und mit der Petersilie bestreuen. Den Grill vorheizen.

3. Das restliche Öl mit dem Currypulver und Salz verrühren. Das Fleisch in Würfel schneiden. Die Zwiebel abziehen und achteln. Abwechselnd Fleisch, Tomaten, Zwiebelstücke und Ananaswürfel auf Spieße stecken, mit der Marinade bestreichen und etwa 15 Minuten rundum grillen. Zusammen mit dem Salat servieren.

Bohnen-Hackklößchen-Auflauf
So gut wie bei Muttern

▶ **Eiweiß**

Für 2 Personen
Gut vorzubereiten
4 reife Tomaten · 600 g grüne Bohnen · Meersalz ·
50 ml Gemüsebrühe · 1 EL Tomatenmark ·
50 g Sahne · 2 TL getrockneter Thymian ·
2 TL gehackter Rosmarin · Cayennepfeffer ·
1 Zwiebel · Pfeffer · 300 g Rinderhackfleisch ·
1 EL Öl · 50 g geriebener Käse (z. B. Gouda)

1. Die Tomaten mit kochendem Wasser überbrühen,
   Stielansätze entfernen, häuten und grob würfeln.
   Die Bohnen waschen, putzen und in etwa 3 Zen-
   timeter lange Stücke schneiden. In kochendem
   Salzwasser 15 bis 18 Minuten garen, dann aus
   dem Wasser nehmen und abtropfen lassen.

2. Die Tomatenwürfel zusammen mit der Gemüsebrühe, Tomatenmark und Sahne aufkochen
   lassen. Die Sauce mit 1 Teelöffel Thymian,
   Rosmarin, Cayennepfeffer und Salz abschmecken.

3. Die Zwiebel abziehen und sehr fein hacken.
   Zwiebel, restlichen Thymian, Pfeffer und Salz
   mit dem Hackfleisch mischen, dann aus dem
   Fleischteig kleine Kugeln formen. Das Öl in einer
   Pfanne erhitzen und die Klößchen darin rundum
   braten. Den Backofen auf 200 °C vorheizen.

4. Die Bohnen zusammen mit den Klößchen in
   eine Auflaufform geben, die Sauce gleichmäßig
   darüber gießen und mit dem Käse bestreuen. Im
   Backofen etwa 15 Minuten überbacken.

Gemüsepfanne mit Hackfleischsauce

▶ **Eiweiß**

Für 2 Personen
Gut vorzubereiten
1 Zucchini · 1 gelbe Paprikaschote · 1 rote Paprikaschote · 100 g Zuckerschoten · Meersalz ·
2 EL Olivenöl · Pfeffer · Meersalz · 1 Zwiebel ·
3 Tomaten · 300 g Rinderhackfleisch ·
250 ml Gemüsebrühe · 1 Zweig Rosmarin ·
3 Zweige Thymian · 2 EL saure Sahne

1. Die Zucchini waschen, putzen und in Scheiben
   schneiden. Die Paprikaschoten halbieren, putzen, waschen und würfeln. Die Zuckerschoten
   waschen, putzen und kurz blanchieren.

2. 1 Esslöffel Öl in einer Pfanne erhitzen. Das
   Gemüse hinzufügen und unter Wenden scharf
   anbraten. Mit Pfeffer und Salz würzen. Bei
   schwacher Hitze etwa 10 Minuten dünsten.

3. Die Zwiebel abziehen und in kleine Würfel
   schneiden. Die Tomaten überbrühen, häuten
   und würfeln. Das restliche Öl in einem Topf
   erhitzen und die Zwiebelwürfel darin glasig
   dünsten. Hackfleisch dazugeben und unter
   Rühren scharf anbraten.

4. Die Tomatenstücke dazugeben und mit der
   Brühe auffüllen. Mit Pfeffer, Salz, Rosmarin und
   Thymian würzen und zugedeckt 10 Minuten
   leise kochen lassen. Die Kräuter entfernen. Die
   saure Sahne unterrühren und die Sauce zusammen mit der Gemüsepfanne servieren.

45 Minuten

Puten-Souvlaki zu marinierten Zucchini und Zaziki

▶ **Eiweiß**

Für 2 Personen
Gut vorzubereiten
2 Zucchini · 3 EL Öl · 1 EL Balsamico-Essig · Pfeffer ·
Meersalz · 1 TL Thymian · 1 Stück Gurke (etwa 10 cm) ·
1–2 Knoblauchzehen · 125 g Joghurt · 125 g Quark ·
350 g Putenbrust · 1 TL Gyrosgewürz

1. Zucchini putzen, waschen und in 1 Zentimeter dicke Scheiben schneiden. 1 Esslöffel Öl in einer Pfanne erhitzen und das Gemüse darin unter Wenden 5 bis 8 Minuten braten.

2. Für die Marinade den Essig mit 1 Esslöffel Öl, 2 Esslöffeln Wasser, Pfeffer, Salz und Thymian kräftig mischen. Zucchini aus der Pfanne nehmen, auf eine Platte geben und mit der Marinade beträufeln.

3. Für das Zaziki die Gurke schälen und grob raspeln. Den Knoblauch abziehen und durch eine Presse drücken. Joghurt mit dem Quark cremig verrühren. Gurkenraspel und Knoblauch unterrühren und mit dem Salz abschmecken. Den Grill vorheizen.

4. Das Fleisch in mundgerechte Würfel schneiden. Die Fleischwürfel auf Spieße stecken, mit dem restlichen Öl bestreichen und mit Gyrosgewürz würzen. Die Spieße auf Alufolie legen und etwa 15 Minuten rundum grillen. Zusammen mit den marinierten Zucchini und Zaziki servieren.

Gefüllte Tomaten in Gemüsesauce
Gutes Essen ist immer willkommen

▶ **Eiweiß**

Für 2 Personen
Gelingt leicht
1 große Zwiebel · 400 g Möhren · 4 Tomaten ·
300 g Rinderhackfleisch · 1 kleines Ei · Meersalz ·
Pfeffer · 2 TL getrockneter Thymian · 1 EL Öl ·
50 ml Rotwein · 1 TL Gemüsebrühe (instant) ·
einige Basilikumblättchen · 2 EL Sojacreme

1. Die Zwiebel abziehen und fein hacken. Die Möhren waschen, schälen und in Würfel schneiden. Von den Tomaten jeweils einen Deckel abschneiden und mit einem Löffel das Fruchtfleisch herausschaben.

2. Das Hackfleisch mit dem Ei und 2 Esslöffeln Zwiebelwürfel verkneten. Mit Salz, Pfeffer und etwas Thymian würzen. Das Fleisch in die Tomaten füllen und den Deckel obenauf setzen.

3. Das Öl in einem Bräter erhitzen. Die restlichen Zwiebeln zusammen mit den Möhren darin unter Rühren kräftig anbraten. Das Fruchtfleisch der Tomaten unterrühren, den Rotwein dazugießen und alles mit Thymian, Brühpulver und Pfeffer würzen.

4. Die gefüllten Tomaten in die Gemüsesauce setzen und zugedeckt 25 bis 30 Minuten leise kochen lassen. Die Tomaten aus dem Bräter nehmen, auf einer Platte anrichten und mit den Basilikumblättchen garnieren. Die Sojacreme in die Sauce rühren. Zusammen mit den gefüllten Tomaten servieren.

Exotischer Geflügelsalat

Die richtige Kombination

▶ **Eiweiß**

Für 2 Personen
Gut vorzubereiten
350 g Hühnerbrust · Meersalz · 200 g Knollensellerie · 3 Mandarinen · 3 EL Walnüsse · ½ kleines
Bund Petersilie · 125 g Joghurt · 2 EL saure Sahne ·
1 TL Curry · Pfeffer · Kräutersalz · einige Spritzer
Worcestersauce · 1 EL Ketchup, natriumarm ·
1 kleiner Kopfsalat

1. Das Fleisch in kochendem, leicht gesalzenen
   Wasser in etwa 35 Minuten garen. Anschließend
   auskühlen lassen und in Würfel schneiden.

2. Den Sellerie putzen, waschen und in feine Stifte
   raspeln. 2 Mandarinen schälen und in kleine
   Stücke schneiden. Die dritte Mandarine auspressen. Die Nüsse grob hacken. Die Petersilie
   waschen, trockenschütteln und fein hacken.

3. Für das Dressing den Mandarinensaft mit dem
   Joghurt, der sauren Sahne, Curry, Pfeffer, Salz,
   Worcestersauce und Ketchup verrühren. Sellerie,
   Mandarinenstückchen, Nüsse und Fleischwürfel
   unterheben.

4. Den Salat putzen, waschen, abtropfen lassen, in
   mundgerechte Stücke zerpflücken und dekorativ
   auf eine Platte legen. Den Geflügelsalat darauf
   anrichten und mit der Petersilie bestreut
   servieren.

45 Minuten

Cevapcici mit Krautsalat

So gut wie früher beim Jugoslawen

▶ **Eiweiß**

Für 2 Personen
Gut vorzubereiten
1 kleiner Kopf Weißkraut · Meersalz · 1 EL Obstessig ·
1 EL Öl · 200 g griechischer Joghurt · 1 TL Senf ·
1 TL Kümmel · Pfeffer · Kräutersalz · 1 TL Rosenpaprika
Für die Cevapcici:
1 kleine Zwiebel · 1–2 Knoblauchzehen ·
350 g Rinderhackfleisch, fein gemahlen · Meersalz ·
1 TL Thymian · Pfeffer

1. Den Kohl in einen Topf geben, mit Wasser bedecken und 15 bis 20 Minuten kochen lassen. Dann herausheben und abkühlen lassen. Das Weißkraut vierteln, den harten Strunk herauslösen und das Kraut in dünne Streifen hobeln. Anschließend mit Salz bestreuen und leicht drücken, bis der Kohl geschmeidig ist.

2. Essig und Öl mit dem Joghurt und Senf cremig verrühren. Mit Kümmel, Pfeffer und Kräutersalz würzen. Den Kohl mit dem Dressing mischen und mit Rosenpaprika bestreuen.

3. Für die Cevapcici die Zwiebel abziehen und fein hacken. Den Knoblauch abziehen und durch eine Presse drücken. Zwiebel und Knoblauch mit dem Hackfleisch mischen und mit Salz, Thymian und Pfeffer kräftig würzen. Aus dem Fleischteig kleine Röllchen formen und auf dem Grill rundum von allen Seiten knusprig braten. Zusammen mit dem Krautsalat servieren.

Gyros mit Bauernsalat

Mittelmeer und Urlaubsstimmung

▶ **Eiweiß**

Für 2 Personen
Gut vorzubereiten
350 g Hähnchenschnitzel · 2 EL Olivenöl · grober
Pfeffer · 2 TL Paprikapulver · 1 TL Gyrosgewürz ·
1 TL getrockneter Thymian · 1 große Zwiebel ·
2 Knoblauchzehen · 40 g Feldsalat · 1 kleine Salatgurke · 3 Tomaten · 1 kleines Bund Radieschen ·
4 EL Schmand · 1 EL Zitronensaft · 1 TL Senf ·
2 EL gehackte Petersilie · Meersalz

1. Das Fleisch waschen, trockentupfen, dann in schmale Streifen schneiden. Das Öl mit dem Pfeffer, Paprikapulver, Gyrosgewürz und Thymian verrühren und das Fleisch darin etwa 30 Minuten marinieren. Zwiebel und Knoblauch abziehen und grob hacken.

2. Den Feldsalat putzen und waschen. Die Gurke schälen und grob würfeln. Tomaten und Radieschen putzen, waschen und in Scheiben schneiden.

3. Die Salatzutaten zusammen mit der Hälfte der Zwiebelwürfel in einer Schüssel mischen. Schmand mit dem Zitronensaft, 5 Esslöffeln Wasser, Senf, Petersilie, Salz und Pfeffer verrühren. Das Dressing über den Salat gießen.

4. Das marinierte Fleisch scharf anbraten. Die restlichen Zwiebelwürfel und den Knoblauch dazugeben und unter Rühren goldbraun braten. Mit Pfeffer, Salz und Thymian würzen. Das Gyros zusammen mit dem Salat servieren.

Pangasiusfilet mit Apfel-Lauch-Gemüse

Mit allen Sinnen genießen

▶ **Eiweiß**

Für 2 Personen
Gut vorzubereiten

2 Stangen Lauch · 1 großer säuerlicher Apfel ·
1 EL Butter · 1 EL Rosinen · ½ TL Kardamom ·
Meersalz · 2 Pangasiusfilets à 200 g · 1 TL Curry ·
1 EL Öl · 2 EL Sahne

1. Den Lauch putzen, der Länge nach aufschneiden, waschen und in schmale Streifen schneiden. Den Apfel waschen, vierteln, schälen und das Kerngehäuse entfernen. Die Apfelstücke in kleine Würfel schneiden.

2. Die Butter in einer Pfanne erhitzen. Apfelstücke und Lauch darin unter Rühren anbraten. Die Rosinen dazugeben und alles mit Kardamom und Salz würzen. Weitere 5 bis 8 Minuten garen lassen.

3. Die Fischfilets waschen, mit Küchenpapier trockentupfen und in Stücke schneiden. Mit Curry und Salz würzen. Das Öl in einer weiteren Pfanne erhitzen und die Fischstücke darin von jeder Seite etwa 2 bis 3 Minuten braten.

4. Die Sahne unter das Gemüse rühren, nochmals abschmecken und zusammen mit dem Fisch servieren.

Viktoriabarschfilet mit Kräuterkruste

Unkompliziert und voller Genuss

▶ **Eiweiß**

Für 2 Personen
Gut vorzubereiten

1 EL Kapern · 1 kleines Bund Kräuter (z. B. Petersilie, Zitronenmelisse, Thymian) · 1 EL Öl · 2 EL geriebener Käse (z. B. Gouda, Emmentaler oder Greyerzer) · 2 EL fein gemahlene Mandeln · 2 Viktoriabarschfilets à 200 g · Pfeffer · 3 Fleischtomaten · Meersalz

1. Die Kapern grob zerkleinern. Die Kräuter waschen, trockenschütteln und fein hacken. Kapern, Kräuter, 1 Esslöffel Öl und den Käse mit den gemahlenen Mandeln mischen. Den Backofen auf 180 °C vorheizen.

2. Den Fisch waschen, mit Küchenpapier abtrocknen und von beiden Seiten mit Pfeffer und Salz würzen. Alufolie auf ein Backblech legen und mit dem restlichen Öl einfetten. Die Fischfilets auf die Alufolie geben und mit der Kräutermischung bestreichen. Die Filets mit Alufolie abdecken.

3. Die Tomaten waschen, von den Stielansätzen befreien und halbieren. Mit Thymian und Salz würzen. Mit der Schnittfläche nach unten ebenfalls auf das Backblech geben. Fischfilets und Tomaten im Backofen 10 Minuten garen, dann die Folie entfernen und weitere 10 Minuten backen, bis sich auf dem Fisch eine leichte Kruste gebildet hat.

45 Minuten

Lachsspieße auf Orangen-Fenchel

Knackig frisch mit Fisch

► **Eiweiß**

Für 2 Personen
Gelingt leicht
350 g Lachs
1 grüne Paprikaschote
8–10 Kirschtomaten
2 EL Öl
2 EL Zitronensaft
Meersalz
½ TL Chili
1 großer Fenchel
2 Orangen
1 EL Butter
2 EL Sahne

1. Den Fisch waschen, trockentupfen und in Würfel schneiden. Die Paprikaschote putzen, waschen und in Stücke schneiden. Die Tomaten waschen. Für die Marinade das Öl mit dem Zitronensaft verrühren und mit dem Salz und Chili würzen.

2. In bunter Reihenfolge den Fisch, Paprikastücke und Tomaten auf Spieße stecken und mit der Marinade bestreichen. Die Spieße auf Alufolie oder in eine Grillpfanne legen und diese in etwa 15 Minuten von allen Seiten grillen.

3. Den Fenchel waschen, putzen und den Strunk herausschneiden. Den Fenchel in feine Streifen schneiden, das Grün hacken und beiseite stellen. Eine Orange auspressen, die andere schälen und in kleine Würfel schneiden.

4. Die Butter in einer Pfanne schmelzen lassen und den Fenchel darin unter Rühren zart anbraten. Mit Salz und Chili würzen und mit dem Orangensaft löschen. Bei schwacher Hitze 4 bis 5 Minuten dünsten. Sahne und Orangenwürfel unterrühren und mit dem Fenchelgrün bestreuen. Zusammen mit den Fischspießen servieren.

Fisch-Gemüse-Fondue
Für lange Abende

▶ **Eiweiß**

Für 2 Personen
Gut vorzubereiten
200 g frischer Blattspinat · 150 g Brokkoli ·
1 rote Paprika · 100 g Champignons · 1 Zucchini ·
100 g Sprossen · 100 g Mais (TK) · 150 g frischer
Lachs · 150 g Rotbarsch oder Schellfisch ·
100 g geschälte rohe Garnelen · 1 kleines Bund
Kräuter (Petersilie, Dill, Schnittlauch) ·
150 g Joghurt · 3 EL saure Sahne · 2 EL Zitronensaft ·
Meersalz · Pfeffer

1. Den Spinat verlesen, putzen, waschen, zerkleinern und gut abtropfen lassen. Den Brokkoli
   putzen und in Röschen teilen. Paprikaschote,
   Pilze und Zucchini waschen, putzen und würfeln. Sprossen abspülen. Gemüse, Pilze, Sprossen
   und Mais getrennt in kleine Schüsseln geben.

2. Fisch und Garnelen abwaschen und mit Küchen-
   papier trocknen. Den Fisch in mundgerechte
   Stücke schneiden und zusammen mit den
   Garnelen auf einer Platte anrichten.

3. Die Kräuter waschen und fein hacken. Joghurt,
   saure Sahne, Zitronensaft und Salz verrühren.
   Die gehackten Kräuter untermischen.

4. Den Fonduetopf mit der heißen Brühe füllen
   und auf das Rechaud stellen. Nach Belieben
   Gemüse- und Fischstücke in kleine Siebe geben
   und das Ganze in 3 bis 5 Minuten garen. Mit
   Pfeffer und Salz würzen.

Bohnen-Mais-Salat mit Salbeimakrelen
Salbei frittiert – unheimlich lecker

▶ **Eiweiß**

Für 2 Personen
Gelingt leicht
500 g grüne Bohnen · Meersalz · 6 EL Mais (TK) ·
1 kleine Zwiebel · 125 g Joghurt · 4 EL Bohnenwasser · 1 EL Obstessig · Pfeffer · 1 TL Senf · 2 EL Öl ·
12 Salbeiblättchen · 4 frische Makrelenfilets mit
Haut · 1 EL Butter · 3 EL fein gemahlene Mandeln

1. Die Bohnen waschen, putzen und in Stücke
   schneiden. Leicht gesalzenes Wasser zum Kochen
   bringen und die Bohnen darin in etwa 18 Minuten bissfest garen. Aus dem Wasser nehmen, abkühlen lassen und mit dem Mais mischen.

2. Die Zwiebel abziehen und fein würfeln. Mit dem
   Joghurt, Bohnenwasser, Essig, Salz, Pfeffer und
   Senf verrühren und mit den Bohnen mischen.

3. Die Salbeiblättchen in einer Pfanne mit dem Öl
   frittieren. Dann die Kräuter herausnehmen.

4. Die Fischfilets mit Pfeffer und Salz würzen. Die
   Hautseite dünn mit der Butter bestreichen und
   beide Seiten im Mandelmehl panieren. Den
   Fisch mit der Hautseite nach unten im restlichen
   Öl einige Minuten scharf anbraten. Danach
   wenden und weitere 2 Minuten braten. Den
   Salbei auf den Makrelenfilets verteilen und
   zusammen mit dem Salat servieren.

45 Minuten

Schinken-Lauch-Röllchen mit Käse überbacken

▶ Eiweiß

Für 2 Personen
Gut vorzubereiten
4 mittelgroße Stangen Lauch · Meersalz ·
200 ml Gemüsebrühe · 50 ml Sahne · 30 g Schmelzkäse · Pfeffer · Muskat · 4 Scheiben gekochter
Schinken (z. B. Rinder- oder Putenschinken) ·
80 g Käse, in dünne Scheiben geschnitten
(z. B. Gouda oder Harvarti) · 2 EL Mandelblättchen

1. Vom Lauch die grünen, harten Blätter entfernen
   und nur den zarten weißen Teil verwenden. Diesen putzen, gründlich waschen und im kochenden, leicht gesalzenen Wasser 4 bis 5 Minuten
   blanchieren. Die Stangen aus dem Wasser nehmen und abtropfen lassen.

2. Die Gemüsebrühe mit der Sahne erhitzen, den
   Schmelzkäse dazugeben und unter Rühren
   langsam schmelzen lassen. Mit Pfeffer, Salz und
   Muskat abschmecken. Den Backofen auf 180 °C
   vorheizen.

3. Jeweils eine Lauchstange mit einer Scheibe
   Schinken umwickeln und in eine flache Auflaufform legen. Die Sauce darübergießen und den
   Käse gleichmäßig damit belegen. Im Backofen
   etwa 20 Minuten überbacken.

4. In der Zwischenzeit die Mandelblättchen ohne
   Fett in einer Pfanne rösten. Den Auflauf aus dem
   Ofen nehmen und mit den Mandelblättchen
   bestreut servieren.

Fruchtiger Käsesalat mit Walnüssen
Für den kleinen Hunger

▶ Eiweiß

Für 2 Personen
Gelingt leicht
1 kleine Salatgurke · 1 EL Öl · Meersalz · 1 kleines
Bund Dill · 1 säuerlicher Apfel · 1 EL Zitronensaft ·
125 g kernlose Trauben · 160 g Käse, z. B. Gouda
oder Fol Epi · 125 g Joghurt · 50 ml naturreiner
Apfelsaft · 1 TL Curry · 1 Msp. Cayennepfeffer ·
1 kleiner Kopfsalat · 6 Walnusskerne

1. Die Gurke schälen, längs vierteln und in Würfel
   schneiden. Das Öl in einer Pfanne erhitzen, Gurke zufügen und bei starker Hitze unter Rühren
   8 bis 10 Minuten schmoren lassen. Mit dem Salz
   würzen, dann beiseite stellen und abkühlen
   lassen. Den Dill fein hacken.

2. Den Apfel waschen, vierteln, entkernen, in
   kleine Würfel schneiden und mit dem Zitronensaft beträufeln. Die Trauben waschen. Den Käse
   fein würfeln, mit den Apfelstücken und Trauben
   mischen.

3. Für das Dressing den Joghurt mit Apfelsaft
   cremig verrühren. Mit Curry, Cayennepfeffer und
   Salz würzen, dann in eine kleine Sauciere geben.

4. Den Salat putzen, waschen, abtropfen lassen
   und flach auf einer Platte ausbreiten. Das
   Gurkengemüse auf die Blätter geben und den
   Apfel-Käse-Salat darauf anrichten. Mit den
   Walnusskernen und Dill bestreuen. Zusammen
   mit der Sauce servieren.

Bratgemüse mit Brokkolisauce und gekochten Eiern

▶ **Eiweiß**

Für 2 Personen
Gelingt leicht
75 g Brokkoli · Meersalz · 3 Zweige Petersilie ·
150 g Joghurt · 1 EL saure Sahne · 50 g roher
Schinken (z. B. Rinder- oder Putenlachsschinken) ·
2 junge Kohlrabis · 4 Möhren · 1 EL Butter · 4 Eier

1. Für die Sauce den Brokkoli waschen, putzen und in kleine Röschen teilen. Die Stiele schälen und in kleine Stücke schneiden. Das Gemüse in wenig Salzwasser 5 Minuten bissfest garen, aus der Brühe nehmen und abkühlen lassen. Die Petersilie waschen, trockenschütteln und von den Stielen zupfen. Joghurt mit der Sahne mischen. Brokkoli und Petersilie unterrühren, leicht salzen und alles mit dem Schneidstab fein pürieren.

2. Den Schinken in kleine Würfel schneiden. Kohlrabi und Möhren schälen und beides klein würfeln. Butter in einer Pfanne schmelzen lassen und die Schinkenwürfel darin zart anbraten. Kohlrabi- und Möhrenwürfel dazugeben und unter gelegentlichem Rühren bei geringer Hitze in 12 bis 15 Minuten bissfest braten.

3. Die Eier hart kochen, mit kaltem Wasser abschrecken, pellen und vierteln. Das gebratene Gemüse zusammen mit der Sauce und den Eiern servieren.

Gemüseauflauf mit Ei und Schinken
Bringt Abwechslung auf den Tisch

▶ **Eiweiß**

Für 2 Personen
Gelingt leicht
1 Zwiebel · 2 Zucchini · 1 Stange Lauch ·
200 g Champignons · 100 g Rinderschinken ·
1 EL Öl · Pfeffer · Meersalz · 1 kleines Bund
Schnittlauch · 4 große Eier · 3 EL Milch

1. Die Zwiebel abziehen, halbieren und in feine Streifen schneiden. Zucchini waschen, putzen und in dünne Scheiben schneiden. Den Lauch putzen, waschen und ebenfalls in kleine Scheiben schneiden. Die Champignons putzen, abreiben und vierteln. Den Schinken fein würfeln. Den Backofen auf 200 °C vorheizen.

2. Das Öl in einer beschichteten Pfanne erhitzen. Zwiebel, Zucchini, Pilze und Schinkenwürfel darin unter Rühren etwa 5 Minuten kräftig anbraten. Mit Pfeffer und Salz würzen. Anschließend das Gemüse in eine feuerfeste Form geben.

3. Den Schnittlauch waschen, trockenschütteln und in Röllchen schneiden.

4. Die Eier mit der Milch, Salz, Pfeffer und 1 Esslöffel Schnittlauchröllchen kräftig verquirlen und das Gemüse damit übergießen. Den Auflauf im Backofen in etwa 25 Minuten überbacken, bis die Eier gestockt sind. Mit dem restlichen Schnittlauch bestreut servieren.

45 Minuten

Raffinierte Gerichte – fertig in 60 Minuten und mehr

Wie wär's, wenn Sie am Wochenende mal wieder Freunde einladen und sie mit einem Trennkost-Menü überraschen? Lassen Sie sich von den tollen Rezeptideen inspirieren!

Auch wenn die folgenden Rezepte etwas zeitaufwendiger sind, die Zubereitung lohnt sich allemal. Mit den richtigen Zutaten, einer guten Vorbereitung und viel Liebe zum Kochen zaubern Sie in einer Stunde – oder bei entsprechenden Ruhe- oder Kühlzeiten auch mal etwas länger – köstliche Gerichte, die auch Ihre Familie oder Freunde begeistern werden. Dabei können Sie auch selbst kreativ werden und Ihre eigenen geschmacklichen Ideen und Vorlieben beim Kochen verwirklichen. Probieren Sie's einfach aus!

Stellen Sie nach Belieben eine einfache Mahlzeit oder auch aufwendige Menüs trennkostgerecht zusammen.

Ein Wohlfühl-Tag mit Trennkost

Der Start in den Tag. Nehmen Sie sich zum Frühstück etwas Zeit. Wählen Sie nach Belieben unter einem Obstfrühstück, einem Milchmixgetränk, einem Müsli, einem belegten Brot oder Eiergericht aus. Kaffee oder schwarzer Tee sind zwar Säurebildner, haben aber auch ihre positiven Seiten. So sollen Koffein und

WISSEN

Empfehlenswerte Esspausen zwischen den Mahlzeiten:

Nach dem Frühstück (ca. 8°° Uhr) 2 bis 3 Stunden
Nach dem Vormittagssnack (ca. 11°° Uhr) 1 ½ Stunden
Nach dem Mittagessen (ca. 12.30 Uhr) 3 bis 4 Stunden
Nach Nachmittagssnack (ca. 16°° Uhr) 2 Stunden
Nach dem Abendessen (ca. 18°° bis 20°° Uhr) sollte die Nahrungs-
aufnahme abgeschlossen sein.
Betrachten Sie diese Zeitangaben nur als Anregung und finden Sie
Ihren eigenen Essrhythmus.

Tein, in Maßen genossen, eine stimulierende Wirkung auf das zentrale Nervensystem aus-üben. Um die Säure etwas zu mildern, empfiehlt Howard Hay, diese Getränke mit etwas Kaffeesahne zu mildern. Zum Süßen eignen sich sehr gut Steviaprodukte.

Kleine Pausensnacks. Kleine vitamin- und mineralstoffreiche Mahlzeiten am Vor- bzw. Nach-mittag wirken Wunder und überwinden natürliche Leis-tungstiefs.

Bestens geeignet sind frisches Obst, Rohkost oder Milch-produkte. Ist der Hunger größer, können Sie auch eine Scheibe Brot oder Brötchen mit Butter und passendem Belag essen.

Mittag- und Abendessen. Mit-tags und abends wählen Sie be-liebig unter einer Eiweiß- oder einer Kohlenhydratmahlzeit. Egal, ob Sie nun eine Eiweiß-oder Kohlenhydratmahlzeit be-vorzugen: Wichtig ist vor allem, dass Sie vor oder zu der Mahl-zeit einen Teller Salat, Rohkost oder Gemüse essen. Der ideale Mix: 1 Teil Eiweiß oder Kohlen-hydrate, dazu 3 bis 4 Teile Ge-müse oder Salat.

Anhand des farbigen Kombi-plans auf Seite 22 können Sie auf einen Blick erkennen, wel-che Nahrungsmittel zu den Eiweißen (immer blau markiert) und welche zu den Kohlenhyd-raten (immer rot markiert) gehören. Lebensmittel aus der neutralen Gruppe sind grün markiert.

Meine persönliche Bitte an Sie

Entwickeln Sie sich bitte nicht zu einem verbissenen Trennkost-fanatiker (der ich war), sondern sehen Sie die Trennkost wie einen roten Faden, der Sie durchs Leben begleitet. Es gibt immer wieder Si-tuationen, in denen man nicht auf Trennkost bestehen sollte. Etwa, wenn ein Gastgeber mit viel Mühe und Liebe ein köstliches Essen zau-berte und Sie sortierten frei nach Trennkost die Zutaten nach Eiweiß und Kohlenhydraten am Tellerrand aus. Eine weitere Einladung hätte sich damit erledigt. Genauso unan-gebracht ist es, den Besserwisser zu spielen. Wägen Sie ab: Wenn In-teresse besteht, können Sie ja von den Vorzügen der Trennkost berich-ten, wenn nicht, dann ist es besser, sich nicht aufzudrängen. Eine Er-nährungsumstellung darf nicht erzwungen werden, sondern soll zufriedener machen. Heute sehe ich alles viel lockerer und komme damit bestens zurecht.

60 Minuten

Andalusische Gazpacho
Eine spanische Spezialität

▶ Kohlenhydrate

Für 2 Personen
Preisgünstig ⏱ 25 Min.
Kühlzeit: 2–3 Std.
100 g entrindetes Weizenbrot · 1 Zwiebel ·
1–2 Knoblauchzehen · 400 g reife Tomaten ·
100 g Salatgurke · 1 rote Paprikaschote · 1 EL Olivenöl · 1 EL Obstessig · Meersalz · 1 TL Sambal Oelek

1. Das Brot in Würfel schneiden, in warmem
   Wasser einweichen und ausdrücken.

2. Die Zwiebel und Knoblauchzehen abziehen und
   grob würfeln. Die Tomaten kurz überbrühen,
   häuten, entkernen und grob würfeln. Die Gurke
   schälen, halbieren, die Kerne mit einem Löffel
   herausschaben und das Fruchtfleisch in kleine
   Würfel schneiden. Die Paprikaschote waschen,
   halbieren, putzen und klein würfeln.

3. Alle Zutaten zusammen mit dem Öl, Essig, Salz
   und Sambal Oelek mit dem Schneidstab pürieren. Die Gazpacho für mehrere Stunden im
   Kühlschrank kalt stellen. Kurz vor dem Servieren
   nach Belieben mit eiskaltem Wasser verdünnen.

Tipp

Reichen Sie die Gazpacho nach Belieben mit le-
ckeren Einlagen: knusprig gebratene Brotwürfel,
Paprikastückchen, gehackte schwarze Oliven.

Eingelegter Handkäse
in Knoblauch-Sahne

▶ Kohlenhydrate

Für 2 Personen
Gut vorzubereiten ⏱ 15 Min.
Zeit zum Durchziehen: 24 Std.
4 runde Handkäse à 50 g · 1 Zwiebel · 1–2 Knoblauchzehen · 2 EL Obstessig · 3 EL Sahne ·
2 Scheiben Bauerbrot · 3 EL Butter · 1 großer Rettich

1. Den Käse in dünne Scheiben schneiden. Zwiebel
   und Knoblauch abziehen und fein hacken. Den
   Essig mit 6 Esslöffeln Wasser und der Sahne
   kräftig verquirlen. Zwiebel- und Knoblauchwürfel unterrühren. Den Handkäse in die Marinade
   geben und zugedeckt für 24 Stunden ziehen
   lassen.

2. Den Rettich spiralförmig aufschneiden, mit Salz
   bestreuen und 15 Minuten ziehen lassen. Die
   Brote mit der Butter bestreichen und zusammen
   mit dem Käse und dem Rettich servieren.

Tipp

Der „Original Frankfurter Handkäs' mit Musik"
wird im Ganzen in Essig, Öl und Zwiebeln einge-
legt. In dieser Marinade bleibt er für mehrere
Tage liegen, um zu reifen. Echte Frankfurter essen diesen Käse, zusammen mit einem deftigen
Bauernbrot und guter Butter, nur mit dem
Messer. Eine Gabel ist hier tabu.

Dinkelsalat mit Schafskäse

Die Kombination macht's

▶ **Kohlenhydrate**

Für 2 Personen
Gut vorzubereiten ⏱ 25 Min.
Einweichzeit: 8 Std.
Kochzeit: 35 Min.
120 g Dinkelkörner · 1 mürber Apfel · 1 Stück Salatgurke (12 cm) · 1 rote Paprikaschote · 120 g Schafskäse · 4 EL Mais (TK) · ½ Bund glatte Petersilie · 125 g griechischer Joghurt · 1 EL Obstessig · 1 TL Senf · Kräutersalz · Pfeffer · 1 TL Currypulver

1. Den Dinkel in einen Topf geben, mit Wasser gut bedecken und für etwa 8 Stunden quellen lassen. Dann die Körner mit dem Einweichwasser zum Kochen bringen und bei schwacher Hitze 30 Minuten garen. Den Dinkel abgießen, abtropfen und auskühlen lassen.

2. Den Apfel waschen, vierteln, entkernen und klein würfeln. Die Gurke schälen und in kleine Würfel schneiden. Die Paprikaschote waschen, halbieren, putzen und ebenfalls in kleine Würfel schneiden. Den Schafskäse grob zerbröseln.

3. Apfel-, Gurken- und Paprikawürfel, Mais und Käse mit dem Dinkel mischen. Die Petersilie waschen, trockenschütteln und fein hacken.

4. Für das Dressing den Joghurt mit Essig und Senf verrühren. Das Dressing mit dem Kräutersalz, Pfeffer und Currypulver würzen und über den Salat gießen. Mit der Petersilie bestreut servieren.

Gewürzreis mit Apfelstückchen

Reis einmal ganz anders

▶ **Kohlenhydrate**

Für 2 Personen
Gut vorzubereiten ⏱ 60 Min.
125 g Naturreis · ½ TL Kurkuma · 2 Nelken · 1 kleine Zimtstange · ½ TL Piment · 1 Msp. Muskatnuss · Meersalz · 1 Frühlingszwiebel · 1 mürber Apfel · einige Zweige Kerbel · 1 EL Butter · 2 EL Rosinen · 12 Haselnüsse · 1 TL Curry

1. Den Reis in einen Topf geben, gut mit Wasser bedecken und zugedeckt bei schwacher Hitze 30 Minuten leise kochen lassen.

2. Kurkuma, Nelken, Zimtstange, Piment, Muskatnuss und Salz dazugeben, dann den Herd ausschalten und den Reis weitere 15 Minuten quellen lassen. Anschließend Nelken und Zimtstange entfernen.

3. Die Frühlingszwiebel putzen und waschen. Das Grün in Röllchen, das Weiße in kleine Würfel schneiden. Den Apfel waschen, vierteln, schälen, entkernen und in kleine Würfel schneiden. Den Kerbel waschen, trockenschütteln und fein hacken.

4. Die Butter in einer beschichteten Pfanne erhitzen. Die Zwiebel- und Apfelwürfel darin unter Rühren einige Minuten braten. Den Reis, die Rosinen und die Haselnüsse unterrühren und alles mit Curry und Salz würzen. Den Gewürzreis mit dem gehackten Kerbel bestreut servieren.

60 Minuten

119

Gemüse-Spargel-Risotto mit Parmesan
Bella Italia

▶ Kohlenhydrate

Für 2 Personen
Braucht etwas länger ⏱ 60 Min.
1 Zwiebel · 1 Knoblauchzehe · 1 TL Butter ·
120 g Risottoreis · 450 ml Gemüsebrühe ·
200 g Austernpilze · 200 g grüner Spargel · 1 rote
Paprikaschote · 1 Zucchini · 1 EL Öl · 1 Msp. Chili ·
Meersalz · 25 g Parmesan, gerieben · Pfeffer ·
1 TL Curry · 1 Zweig Petersilie

1. Zwiebel und Knoblauch abziehen und fein hacken. Die Butter in einem Topf erhitzen. Zwiebel
   und Knoblauch darin glasig braten. Den Reis dazugeben und kurz mitbraten. Die Brühe nach
   und nach dazugießen und zwischendurch umrühren. Brühe erst wieder nachgießen, wenn der
   Reis fast alle Flüssigkeit aufgesogen hat. Den
   Reis anschließend 30 Minuten quellen lassen.

2. Die Pilze putzen und in Scheiben schneiden. Den
   Spargel waschen, putzen und in 3 bis 4 Zentimeter lange Stücke brechen. Paprika und Zucchini
   putzen und klein würfeln.

3. Das Öl in einer Pfanne erhitzen. Pilze und das
   Gemüse hinzufügen und unter Rühren 8 bis
   10 Minuten braten. Mit Chili und Salz würzen.

4. Den Käse unter das Risotto rühren. Mit Pfeffer,
   Salz und Curry abschmecken. Das Risotto
   zusammen mit dem Gemüse auf einer Platte
   anrichten. Mit der Petersilie garniert servieren.

Pikanter Zwiebel-Lauch-Kuchen
Auch lecker für Gäste

▶ Kohlenhydrate

Für 2 Personen
Braucht etwas mehr Zeit ⏱ 70 Min.
25 g frische Hefe · 200 g feines Dinkelvollkornmehl ·
½ TL Meersalz · 1 ½ EL Öl · Butter für die Form ·
2 Stangen Lauch · 1 Gemüsezwiebel · 80 g Sahne ·
1 Eigelb · 120 g geriebener Allgäuer Emmentaler ·
Kräutersalz · etwas frisch geriebene Muskatnuss ·
1 Msp. Cayennepfeffer

1. Die Hefe in 130 Milliliter warmem Wasser auflösen und mit der Hälfte des Mehls zu einem
   Vorteig verrühren. Den Teig etwa 20 Minuten
   zugedeckt an einem warmen Ort gehen lassen.
   Das restliche Mehl, das Salz und ½ Esslöffel Öl
   hinzufügen und alles zu einem Teig verkneten.
   Den Teig in einer gefetteten Springform verteilen und am Rand etwas hochziehen. Zugedeckt
   nochmals etwa 20 Minuten gehen lassen.

2. Den Lauch und die Zwiebel putzen und in feine
   Ringe schneiden. Das restliche Öl in einer Pfanne
   erhitzen und beides darin glasig dünsten. Den
   Backofen auf 200 °C vorheizen.

3. Die Sahne mit 80 Millilitern Wasser, dem Eigelb
   und dem Käse verquirlen. Mit dem Kräutersalz,
   Muskat und Cayennepfeffer würzen.

4. Die Lauch- und Zwiebelringe auf dem Teig
   verteilen und mit der Sahne-Käse-Mischung
   begießen. Im Backofen etwa 20 Minuten backen.

Zwiebel-Lauch-Lasagne mit Pinienkernen

Nicht nur für Vegetarier

▶ Kohlenhydrate

Für 2 Personen
Preisgünstig ⏱ **60 Min.**
3 EL Pinienkerne · 1 große Zwiebel · 2 Stangen
Lauch · 150 g Champignons · 1 Zucchini · 1 EL Öl ·
2 TL Ras el Hanout oder Curry · 100 ml Sahne ·
200 ml Gemüsebrühe · 120 g geriebener Greyerzer
Käse · 6 Lasagneblätter (ohne Vorkochen) ·
40 g Greyerzer Käse, in Scheiben geschnitten

1. Die Pinienkerne in einer Pfanne ohne Fett kurz
   rösten, dann beiseite stellen.

2. Die Zwiebel abziehen und in Ringe schneiden.
   Den Lauch putzen, waschen und ebenfalls in
   kleine Ringe schneiden. Die Pilze und Zucchini
   putzen und in kleine Würfel schneiden.

3. Das Öl in einer Pfanne erhitzen. Die Zwiebel-
   und Lauchringe darin unter Rühren kräftig
   anbraten. Die Pilze und Zucchiniwürfel dazugeben und mitschmoren lassen.

4. Das Gemüse mit Ras el Hanout würzen. Sahne
   und Gemüsebrühe dazugießen und alles 5 Minuten leise kochen lassen. Den Backofen auf
   160 °C vorheizen.

5. In eine Auflaufform abwechselnd Gemüse mit
   Sahnesauce, etwas geriebenen Käse, Pinienkerne
   und Nudelblätter schichten, dabei mit Gemüse
   und Sauce abschließen. Die Lasagne mit dem
   Käse belegen und im Backofen 25 Minuten
   überbacken.

60 Minuten

Gemüsekuchen vom Blech

Eine Spezialiät, die jeder mag

► **Kohlenhydrate**

Für 4 Personen
Braucht etwas mehr Zeit
🕐 60 Min.

375 g	feines Dinkelvollkorn-mehl
1 Pck.	Backpulver
	Meersalz
250 g	Joghurt
3 EL	Olivenöl
1 TL	Thymian
	Butter für das Blech
2	rote Paprikaschoten
1–2 TL	Sambal Oelek
2 TL	Paprikapulver
	Kräutersalz
1	Gemüsezwiebel
2	Stangen Lauch
200 g	Champignons
	Pfeffer
1–2 TL	Oregano
250 g	Greyerzer Käse
50 g	Oliven

1. Das Mehl mit dem Backpulver mischen. Salz, Joghurt, 2 Esslöffel Wasser, 2 Esslöffel Öl und Thymian zufügen und alles zu einem glatten Teig verkneten. Das Backblech mit etwas Butter einfetten, den Teig darauf geben und mit nassen Händen auseinander drücken, bis der Boden bedeckt ist. Den Backofen auf 200 °C vorheizen.

2. Für den Belag eine Paprikaschote halbieren, putzen, waschen, grob zerkleinern und mit dem Schneidstab zu einer Paste pürieren. Mit Sambal Oelek, Paprikapulver und Kräutersalz würzen.

3. Zwiebel und Lauch schälen bzw. putzen und in dünne Ringe schneiden. Die Champignons putzen, abreiben und in Scheiben schneiden. Die zweite Paprikaschote waschen, halbieren, putzen und in kleine Streifen schneiden.

4. Das restliche Öl in einer beschichteten Pfanne erhitzen. Zwiebel- und Lauchringe, Pilze und Paprikastreifen unter Rühren kräftig anbraten. Mit Kräutersalz, Pfeffer und Oregano würzen. Den Käse in Scheiben schneiden.

5. Zuerst die Paprikapaste, danach das gebratene Gemüse gleichmäßig auf dem Teigboden verteilen. Mit den Oliven und dem Käse belegen. Den Gemüsekuchen im Backofen 20 Minuten backen.

Stampfkartoffeln mit gebratenen Auberginen und Ziegenkäse

► Kohlenhydrate

Für 2 Personen
Preisgünstig ⏱ 60 Min.
400 g Kartoffeln · Meersalz · 1 TL Gemüsebrühe (instant) · 2 EL Sahne · 1 kleiner Zweig Rosmarin · 1 Aubergine · 3 EL Olivenöl · 100 g Ziegenfrischkäse

1. Die Kartoffeln waschen, schälen und in kleine Stücke schneiden. Diese in einen Topf geben, knapp mit Wasser bedecken und in 20 bis 25 Minuten gar kochen. Anschließend im eigenen Kochwasser fein zerstampfen, mit Salz und der Brühe würzen und die Sahne unterrühren. Die Rosmarinnadeln von den Stielen zupfen und fein hacken.

2. Die Aubergine putzen, waschen und in 1 Zentimeter dicke Scheiben schneiden. Die Scheiben salzen, 10 Minuten Saft ziehen lassen, danach mit Küchenkrepp trockentupfen.

3. Die Scheiben beidseitig dünn mit Öl bestreichen. Eine Pfanne erhitzen, die Auberginenscheiben bei mittlerer Hitze von beiden Seiten braten. Gemüse herausnehmen und mit Küchenkrepp das überschüssige Fett abtupfen.

4. Den Kartoffelbrei in eine Pfanne geben, den Rosmarin darüber streuen und die Auberginenscheiben dachziegelartig darauf anrichten. Den Käse darüber zerbröseln. Die Pfanne mit einem Deckel verschließen, den Käse leicht anschmelzen lassen und heiß servieren.

Schlesisches Kartoffelgratin
Mit Äpfeln und Majoran

► Kohlenhydrate

Für 2 Personen
Preisgünstig ⏱ 60 Min.
400 g Kartoffeln · Meersalz · 150 ml Buttermilch · 1 große Zwiebel · 2 mürbe Äpfel · 1 EL Öl · Pfeffer · 2 TL getrockneter Majoran · 2 EL saure Sahne · 80 g Emmentaler Käse, dünn in Scheiben geschnitten

1. Die Kartoffeln schälen, in Würfel schneiden, mit Salzwasser knapp bedecken und zugedeckt in 20 bis 25 Minuten garen. Das Wasser abgießen und die Kartoffeln zusammen mit der Buttermilch zu Brei stampfen.

2. Die Zwiebel abziehen und in dünne Ringe schneiden. Die Äpfel waschen, schälen, vierteln, die Kerngehäuse herausschneiden und die Viertel in dünne Spalten schneiden. Das Öl in einer Pfanne erhitzen. Die Zwiebelringe und Apfelspalten darin braten. Mit Pfeffer, Salz und Majoran würzen. Den Backofen auf 180 C° vorheizen.

3. Das Püree in eine Auflaufform geben, mit der sauren Sahne bestreichen und die gebratenen Zwiebeln und Apfelspalten gleichmäßig darauf verteilen. Den Auflauf mit dem Käse belegen und im Backofen 15 Minuten überbacken.

60 Minuten

Italienische Parmesankartoffeln mit Tomatensalat

▶ **Kohlenhydrate**

Für 2 Personen
Preisgünstig ⏱ 60 Min.
2 mittelgroße Kartoffeln · Pfeffer · Meersalz ·
20 g weiche Butter · 2 EL fein geriebener Parmesan ·
6 Tomaten · 1 kleine Zwiebel · 2 EL Olivenöl · einige
Basilikumblättchen · 100 g Schafskäse

1. Die Kartoffeln waschen und schälen. In die obere Seite der Kartoffeln, in Abständen von je einem halben Zentimeter, gleichmäßige 2 bis 3 Zentimeter tiefe Kerben schneiden. Die Kartoffeln in eine Auflaufform geben, mit Pfeffer und Salz würzen und die Butter in die Kerben streichen.

2. Die Kartoffeln im Backofen bei 160 °C 40 Minuten backen, zwischendurch mit der Butter aus der Pfanne bestreichen. Nach 40 Minuten Backzeit den Parmesankäse über die Kartoffeln streuen und weitere 10 bis 15 Minuten backen.

3. Die Tomaten waschen, von den Stielansätzen befreien und in Scheiben schneiden. Die Zwiebel abziehen und fein würfeln. Die Tomaten in eine Schüssel geben, Zwiebel und Öl untermischen und den Salat mit Pfeffer und Salz würzen. Mit Basilikumblättchen garnieren.

4. Den Schafskäse in Würfel schneiden. Die Kartoffeln aus dem Ofen nehmen und mit den Tomaten und dem Schafskäse servieren.

Matjes in Zwiebel-Apfel-Sauce mit Pellkartoffeln

► Kohlenhydrate

Für 2 Personen
Gelingt leicht ⊘ 35 Min.
Zeit zum Ziehen: 24–48 Std.
1 Zwiebel · 1 großer mürber Apfel · 1 kleines Bund
Dill · 6 EL Sahne · 1 EL Obstessig · 1 Lorbeerblatt ·
5 Wacholderbeeren · 1 EL Rosinen · 2 EL saure
Sahne · 6 Matjesfilets · 400 g kleine Kartoffeln

1. Die Zwiebel abziehen und in dünne Ringe
   schneiden. Den Apfel schälen, vierteln, das
   Kerngehäuse herausschneiden und die Frucht in
   dünne Spalten schneiden. Den Dill waschen,
   trockenschütteln und fein hacken.

2. Die Sahne mit 120 Millilitern Wasser und dem
   Essig vermischen. Das Lorbeerblatt, die Wacholderbeeren, die Rosinen, den Dill, die Zwiebelringe und die Apfelspalten hinzufügen und alles
   etwa 24 bis 48 Stunden ziehen lassen.

3. Am nächsten Tag das Lorbeerblatt entfernen und
   die saure Sahne untermischen. Die Matjesfilets
   in die Sauce zwischen die Apfelspalten und
   Zwiebelringe legen.

4. Die Kartoffeln waschen und als Pellkartoffeln in
   20 bis 25 Minuten garen. Den eingelegten Fisch
   zusammen mit der Sahnesauce und den heißen
   Pellkartoffeln servieren.

Feine Lachs-Terrine

Das macht was her

► Eiweiß

Für 2 Personen
Gut vorzubereiten ⊘ 30 Min.
Kühlzeit: 6–8 Std.
3 Blatt Gelatine · 1 kleine Stange Lauch ·
50 g Räucherlachs · 1 kleines Bund Dill · Meersalz ·
200 g frisches Lachsfilet · 3 Blatt Gelatine ·
50 g Räucherlachs · 150 g Buttermilch · 125 g Joghurt · 1–2 EL Meerrettich aus dem Glas · Pfeffer

1. Die Gelatine in kaltem Wasser einweichen.
   Lauch putzen, waschen und in Streifen schnei-
   den. Den Räucherlachs würfeln. Vom Dill einige
   Zweige beiseite legen, den Rest fein hacken.

2. 150 Milliliter leicht gesalzenes Wasser in einem
   kleinen Topf aufkochen lassen. Das Lachsfilet
   dazugeben und zugedeckt 10 Minuten leise
   kochen lassen. Den Lachs aus dem Sud nehmen,
   dann mit einer Gabel fein zerdrücken.

3. Den gekochten Lachs mit den rohen Lachs-
   würfeln in einer Schüssel mischen. Buttermilch,
   Joghurt, 50 Milliliter Fischsud, Lauch, Meerrettich und gehackten Dill unterrühren. Alles
   mit Pfeffer und Salz würzen.

4. Die Gelatine ausdrücken, in einem Topf erwärmen und tropfenweise unter die Lachsmischung
   rühren. Eine Kastenform mit Klarsichtfolie
   auslegen, die Masse einfüllen und über Nacht im
   Kühlschrank fest werden lassen. Dann auf eine
   Platte stürzen, die Folie entfernen und die
   Lachs-Terrine mit den Dillzweigen garnieren.

60 Minuten

Würzige Fischstückchen aus dem Wok mit Sommersalat

▶ **Eiweiß**

Für 2 Personen
Gelingt leicht ⏱ 15 Min.
Zeit zum Marinieren: 45 Min.
400 g Fischfilet (z. B. Pangasius, Lachs oder Rotbarsch) · 2 Knoblauchzehen · 3 Wacholderbeeren · 1 TL Thymian · 1 Msp. Chili · Meersalz · 3 EL Öl · 2 EL Zitronensaft · 75 g Feldsalat · 1 Bund Radieschen · 4 Champignons · 1 Tomate · 1 kleine Zwiebel · 1 TL Gemüsebrühe (instant) · 1 EL Balsamico-Essig · Pfeffer

1. Den Fisch waschen, mit Küchenpapier trocknen und in Würfel schneiden.

2. Den Knoblauch abziehen und hacken. Wacholderbeeren, Thymian, Chili, Salz und Knoblauch im Mörser zerreiben. Die Mischung mit 2 Esslöffeln Öl und Zitronensaft verrühren und den Fisch mit der Marinade bestreichen. Im Kühlschrank etwa 45 Minuten ziehen lassen.

3. Den Feldsalat putzen, waschen und gut abtropfen lassen. Radieschen, Champignons und Tomate putzen und in Scheiben schneiden. Den Salat auf einer Platte anrichten.

4. Für das Dressing die Zwiebel abziehen und fein würfeln. Die Brühe in 3 Esslöffeln heißem Wasser auflösen, mit Essig und Pfeffer würzen, das restliche Öl unterschlagen und die Zwiebelwürfel unterrühren. Die Sauce über den Salat träufeln.

5. Den Wok heiß werden lassen und die Fischwürfel darin bei starker Hitze unter Rühren 3 bis 4 Minuten scharf braten. Den Fisch zusammen mit dem Salat servieren.

Bohnen-Lamm-Gulasch

Fit mit Vitaminen

▶ Eiweiß

Für 2 Personen
Gelingt leicht ⊙ 30 Min.
Kochzeit: 1 ½ Std.

3 reife Tomaten · 1 Zwiebel · 1–2 Knoblauchzehen ·
½ kleine Chilischote · 350 g mageres Lammfleisch ·
1 EL Öl · 350 ml Gemüsebrühe · 600 g grüne
Bohnen · 1 Zweig Bohnenkraut · Pfeffer · Meersalz ·
1 EL Crème fraîche

1. Die Tomaten über Kreuz einritzen, mit kochendem Wasser überbrühen und abziehen. Stielansätze herausschneiden und die Tomaten würfeln.

2. Zwiebel und Knoblauch abziehen und fein
würfeln. Die Chilischote entkernen und in feine
Streifen schneiden. Das Fleisch kurz waschen,
trockentupfen und würfeln.

3. Das Öl in einer Pfanne erhitzen und das Fleisch
darin rundherum scharf anbraten. Zwiebeln,
Knoblauch und Chili dazugeben und alles unter
Rühren bei starker Hitze braten. Die Tomatenwürfel dazugeben, die Brühe angießen und alles
zugedeckt 1 Stunde leise kochen lassen.

4. Die Bohnen waschen, putzen und in etwa
3 Zentimeter lange Stücke schneiden. Die
Bohnen zusammen mit dem Bohnenkraut zum
Gulasch geben und weitere 15 bis 18 Minuten
garen. Das Bohnenkraut entfernen. Die Sauce
mit Pfeffer und Salz würzen und mit Crème
fraîche verfeinern. Heiß servieren.

Rahmgulasch mit Gemüsetrio

Ein berühmter Klassiker

▶ Eiweiß

Für 2 Personen
Gut vorzubereiten ⊙ 30 Min.
Kochzeit: 1 ½ Std.

3 reife Tomaten · 2 Zwiebeln · 360 g mageres
Rindfleisch · 1 EL Olivenöl · 1–2 EL Paprikapulver ·
½ TL gemahlener Kümmel · 1 EL Tomatenmark ·
125 ml Rotwein · 250 ml Gemüsebrühe ·
250 g Blumenkohl · 250 g Brokkoli · 250 g Romanesco · Pfeffer · Meersalz · 3 EL süße Sahne

1. Die Tomaten über Kreuz einritzen, überbrühen
und häuten. Stielansätze herausschneiden und
die Tomaten würfeln. Die Zwiebeln abziehen
und in Würfel schneiden. Das Fleisch kurz waschen, trockentupfen und in Würfel schneiden.

2. Das Öl in einer hochwandigen Pfanne erhitzen
und das Fleisch darin rundherum scharf anbraten. Die Zwiebeln dazugeben und alles mit
Paprikapulver und Kümmel bestäuben. Tomatenwürfel und Tomatenmark dazugeben und
alles unter Rühren braten. Mit dem Rotwein
ablöschen. Die Brühe dazugießen und alles
zugedeckt 1 ½ Stunden leise kochen lassen.

3. Blumenkohl, Brokkoli und Romanesco putzen
und in Röschen schneiden. Das Gemüse in
kochendem Salzwasser bissfest garen, aus dem
Wasser heben und gut abtropfen lassen.

4. Das Gulasch mit Pfeffer und Salz würzen und
mit der Sahne verfeinern. Zusammen mit dem
Gemüsetrio servieren.

60 Minuten

Tomaten-Puten-Gratin
Bringt neuen Schwung in die Küche

▶ **Eiweiß**

Für 2 Personen
Gut vorzubereiten ⏱ 60 Min.
350 g Putenbrust · 1 EL Olivenöl · 4 reife Tomaten ·
1 Zwiebel · 1–2 Knoblauchzehen · 125 ml Gemüsebrühe · 2 EL Tomatenmark · 1 TL Thymian · 1 Zweig
Rosmarin · Meersalz · 125 g Mozzarella · 2 Fleischtomaten

1. Das Fleisch kalt abwaschen, mit Küchenpapier
   trockentupfen, dann in Würfel schneiden. Das Öl
   in einer Pfanne erhitzen und das Fleisch darin
   rundum kräftig anbraten.

2. Die Tomaten überbrühen, häuten, Stielansätze
   entfernen, Tomaten würfeln. Zwiebel und Knoblauch abziehen und beides grob hacken. Die Brühe
   mit dem Tomatenmark mischen. Die Rosmarinnadeln von den Stielen zupfen und fein hacken.

3. Tomaten, Zwiebel und Knoblauch mischen, mit
   den Kräutern und Salz würzen. Die Hälfte in eine
   Auflaufform geben, das Fleisch darauf legen. Mit
   dem übrigen Gemüse bedecken und mit Brühe
   auffüllen. Den Mozzarella in Stücke schneiden
   und den Auflauf damit belegen. Den Auflauf mit
   Alufolie abdecken und 15 Minuten im Backofen
   bei 200 °C garen. Dann die Folie entfernen und
   weitere 15 Minuten schmoren lassen.

4. Die Fleischtomaten waschen, in Spalten schneiden und mit Pfeffer und Salz würzen. Zusammen mit dem Tomaten-Puten-Gratin servieren.

Putenkeule mit Möhren-Apfel-Gemüse
Der kreative Genuss

▶ **Eiweiß**

Für 2 Personen
Gut vorzubereiten ⏱ 105 Min.
1 Putenkeule · Meersalz · 1 TL Honig · 600 g Möhren ·
1 großer säuerlicher Apfel · 1 EL Butter · ½ TL Nelkenpulver · 1 TL Zimt

1. Das Fleisch waschen, mit Küchenpapier trockentupfen und mit Salz einreiben. 1 große Tasse
   Wasser in eine Fettpfanne geben, die Putenkeule
   in das Wasser setzen und im Backofen bei 160 °C
   etwa 90 Minuten langsam garen lassen. Dabei
   immer wieder mit Bratensaft begießen.

2. Den Honig mit 1 Teelöffel Salz und 1 Esslöffel
   Wasser verrühren. 15 Minuten vor Ende der
   Garzeit das Fleisch mit der Honig-Salz-Mischung
   bestreichen und knusprig braten.

3. Die Möhren waschen, putzen und in dünne
   Scheiben schneiden. Das Gemüse in wenig
   Salzwasser 12 Minuten bissfest garen, aus dem
   Wasser nehmen und gut abtropfen lassen.

4. Den Apfel waschen, vierteln, entkernen und in
   feine Scheibchen schneiden. Die Butter in einer
   Pfanne schmelzen lassen und die Möhren- und
   Apfelscheiben darin unter Rühren bei schwacher
   Hitze etwa 6 bis 8 Minuten braten. Mit Nelken
   und Zimt würzen. Das Fleisch zusammen mit
   dem Möhren-Apfel-Gemüse servieren.

Schinken-Fleisch-Spieße auf italienischem Gemüsesalat

▶ Eiweiß

Für 2 Personen
Gut vorzubereiten ⊙ 60 Min.
1 Knoblauchzehe · 1 Aubergine · 1 Zucchini ·
1 rote Paprikaschote · 3 EL Olivenöl · 2 Rumpsteaks
à 180 g · 1 große Zwiebel · 60 g Rinderschinken,
dünn geschnitten · 1 TL Rosenpaprika · Meersalz ·
1 EL Balsamico-Essig · Pfeffer

1. Den Knoblauch abziehen und fein hacken. Die
   Aubergine und die Zucchini waschen, putzen
   und in kleine Würfel schneiden. Die Paprikaschote halbieren, waschen und würfeln.

2. 2 Esslöffel Öl in einer Pfanne erhitzen und den
   Knoblauch darin anbraten. Auberginen-,
   Zucchini- und Paprikawürfel hinzufügen, unter
   Rühren 8 bis 10 Minuten braten.

3. Das Fleisch und den Schinken in schmale Streifen
   schneiden. Zwiebel abziehen und achteln.
   Schinken auf die Fleischstreifen legen und beides
   zusammenrollen. Abwechselnd Fleisch- und
   Zwiebelstücke auf Schaschlikspieße stecken.

4. Für die Marinade das restliche Öl mit dem
   Paprikapulver und Salz verrühren. Den Grill
   vorheizen. Die Spieße mit der Marinade bestreichen und etwa 15 Minuten rundum grillen.

5. Den Gemüsesalat mit Essig beträufeln, mit Salz
   und Pfeffer würzen und zusammen mit den
   Fleischspießen servieren.

Omas Krautwickel
Da freut sich die ganze Familie

▶ Eiweiß

Für 2 Personen
Braucht etwas länger ⊙ 90 Min.
1 kleiner Kopf Weißkraut · 1 Gemüsezwiebel ·
1 Möhre · 350 g Rinderhackfleisch · 1 kleines Ei ·
Salz · Pfeffer · 1 EL Öl · 350 ml Gemüsebrühe ·
10 g getrocknete Steinpilze · 1 Lorbeerblatt ·
2–3 Messlöffel Biobin (pflanzliches Bindemittel
aus dem Reformhaus) · 2 EL Sahne

1. Den Kohl in einen Topf geben, mit Wasser bedecken und etwa 20 Minuten kochen lassen. Dann
   den Kopf herausheben, abkühlen lassen, 8 äuße-
   re Blätter ablösen und die Blattrippen entfernen.

2. Die Zwiebel abziehen und klein hacken. Die
   Möhre schälen und fein raspeln. Das Hackfleisch
   mit den Möhrenraspeln, dem Ei und 2 Esslöffeln
   Zwiebelwürfel sorgfältig mischen. Mit Salz und
   Pfeffer würzen.

3. Je 2 Kohlblätter pro Wickel dachziegelartig
   schichten, je ein Viertel der Hackfleisch-
   mischung darauf geben, die Blätter zusammenrollen und mit Zwirn umwickeln.

4. Das Öl in einem Bräter erhitzen. Die Krautwickel
   zusammen mit den restlichen Zwiebeln darin
   rundum braun anbraten. Mit der Brühe löschen.
   Pilze und Lorbeerblatt dazugeben und zugedeckt
   etwa 45 Minuten leise kochen lassen. Anschließend das Lorbeerblatt entfernen und die Sauce
   nach Belieben mit Biobin binden. Nochmals alles
   aufkochen lassen und mit der Sahne verfeinern.

Süßer Apfelauflauf mit Streusel
Mit Mandeln und Zimt

▶ **Kohlenhydrate**

Für 2 Personen
Gut vorzubereiten ⏲ 60 Min.
2 EL Mandelblättchen · 2 EL Rosinen · 2 große
mürbe Äpfel · 2 EL flüssiger Honig · 3 EL weißer
Rum · ½ TL Kardamom · 2 TL Zimt · 150 g Schmand ·
3 EL flüssige Sahne · 1 TL Zimtpulver · 1 Eigelb ·
100 g feines Dinkelvollkornmehl · 40 g kalte Butter ·
2 EL fester Honig

1. Die Mandeln in einer Pfanne ohne Fett kurz
   rösten. Die Rosinen mit kochendem Wasser
   überbrühen, 5 Minuten quellen lassen, dann das
   Wasser abgießen.

2. Die Äpfel waschen, vierteln, entkernen und in
   kleine Würfel schneiden.

3. Den Honig leicht erwärmen und mit dem Rum,
   dem Kardamom und dem Zimt verrühren. Den
   Honig mit den Apfelstücken, den Rosinen und
   Mandelstiften mischen, dann in eine Auflauf-
   form geben und 15 Minuten ziehen lassen. Den
   Backofen auf 180 °C vorheizen.

4. Den Schmand mit Sahne, Zimt und Eigelb verrühren und den Guss über den Auflauf gießen.

5. Für die Streusel das Mehl mit der Butter und
   dem Honig verkneten. Den Streuselteig gleichmäßig über den Auflauf bröseln. Alles im
   Backofen 30 bis 35 Minuten backen, bis die
   Streusel leicht gebräunt sind. Den Apfelauflauf
   aus der Form servieren.

Rosinen-Nuss-Brötchen
Macht Lust auf mehr

▶ **Kohlenhydrate**

Zutaten für 6 Stück
Gut vorzubereiten ⏲ 15 Min.
Zeit zum Gehen: 40 Min.
Backzeit: 20 Min.
3 EL Rosinen · 1 Würfel Hefe · 300 g feines Dinkelvollkornmehl · 1 TL Gemüsebrühe (instant) ·
1 EL Sonnenblumenöl · 50 g grob gehackte Haselnüsse · 1 Eigelb · 3 TL Sesam

1. Die Rosinen mit kochendem Wasser überbrühen, 5 Minuten quellen lassen, dann das
   Wasser abgießen.

2. Die Hefe in 180 Milliliter warmem Wasser
   auflösen und mit der Hälfte des Mehls zu einem
   Vorteig verrühren. Den Teig etwa 20 Minuten
   zugedeckt an einem warmen Ort gehen lassen.
   Dann das restliche Mehl, Gemüsebrühe und Öl
   hinzufügen und alles zu einem Teig verkneten.
   Rosinen und Nüsse unterkneten.

3. Den Teig in 6 gleich große Portionen aufteilen,
   zu runden Brötchen formen und auf ein mit
   Backpapier ausgelegtes Blech setzen.

4. Das Eigelb mit 1 Esslöffel Wasser verquirlen, die
   Brötchen damit bestreichen und mit dem Sesam
   bestreuen. Die Brötchen zugedeckt an einem
   warmen Ort nochmals etwa 20 Minuten gehen
   lassen. Den Backofen auf 200 °C vorheizen.
   Die Brötchen 20 Minuten backen, aus dem Ofen
   nehmen. Die abgekühlten Brötchen mit frischer
   Butter und Honig genießen.

60 Minuten

131

Crunchy-Müsli
Der perfekte Start in den Tag

▶ **Kohlenhydrate**

Für etwa 14 Portionen
Gut vorzubereiten ⊘ 30 Min.
Backzeit: 50 Min.
60 g ungeschälte Sesamkörner · 150 g Mandeln ·
125 g Haferflocken · 70 g Sonnenblumenkerne ·
125 g Honig · 1 TL Sonnenblumenöl · 125 g Rosinen

1. Die Sesamkörner in einer Pfanne ohne Fett kurz rösten, dann beiseite stellen. Die Mandeln grob hacken.

2. Die Haferflocken mit Sesam, Mandeln, Sonnenblumenkernen und Honig gut mischen. Den Backofen auf 160 °C vorheizen.

3. Das Öl mit 50 Millilitern Wasser verquirlen und unter die Haferflocken-Nuss-Mischung kneten. Die Müslimischung in einer Fettpfanne gleichmäßig verteilen.

4. Das Müsli im Backofen in etwa 45 bis 50 Minuten hellbraun rösten und dabei zwischendurch immer wieder umrühren, damit sich Krümel bilden.

5. Das Müsli aus dem Ofen nehmen, abkühlen lassen und zuletzt die Rosinen untermischen. Alles in eine Plätzchendose geben und kühl aufbewahren. Das Müsli ist etwa 3 bis 4 Wochen haltbar.

Joghurt-Buttermilch-Creme mit Aprikosen

▶ **Eiweiß**

Für 2 Personen
Gut vorzubereiten ⊘ 25 Min.
Kühlzeit: 2 bis 3 Std.
3 Blatt Gelatine · 4 Aprikosen · 8 Minzeblättchen ·
50 g Sahne · 125 g Joghurt · 250 g Buttermilch ·
2 EL Zitronensaft · einige Tropfen Stevia flüssig oder
2 EL flüssiger Honig

1. Die Gelatine in kaltem Wasser 5 Minuten einweichen.

2. Die Aprikosen mit kochendem Wasser übergießen, dann kalt abschrecken und die Haut abziehen. Die Früchte in kleine Würfel schneiden. Einige Aprikosenwürfel für die Garnitur beiseite stellen. Die Hälfte der Minze fein hacken.

3. Die Sahne steif schlagen. Joghurt, Buttermilch und Zitronensaft mit einem Schneebesen schaumig aufschlagen, mit Stevia bzw. Honig süßen.

4. Die Gelatine ausdrücken, in einem kleinen Topf bei geringer Hitze auflösen und tröpfchenweise unter die Joghurt-Buttermilch rühren. Die Sahne vorsichtig unterheben.

5. Die Mischung in eine Dessertschüssel geben und die Aprikosenstücke darin einsinken lassen. Die Creme im Kühlschrank in etwa 2 bis 3 Stunden fest werden lassen. Mit den restlichen Aprikosenwürfel und Minzeblättchen garnieren.

Erdbeercreme mit Minzeblättchen

Ein Sommergedicht

▶ **Eiweiß**

Für 2 Personen
Braucht etwas länger ☉ 25 Min.
Zeit zum Gelieren: 8 Std.
4 Blatt Gelatine · 300 g frische Erdbeeren ·
2 frische Eigelbe · ½ TL Stevia-Pulver oder
3 EL Honig · 250 g Quark · 100 g Sahne ·
einige Minzeblättchen

1. Die Gelatine in kaltem Wasser 5 Minuten einweichen.

2. Die Erdbeeren waschen, putzen, in Stücke schneiden, dann mit dem Schneidstab pürieren. Einige Früchte für die Garnitur beiseite legen.

3. Das Erdbeerpüree in einen Topf geben und kurz aufkochen lassen. Die Gelatine ausdrücken und unterrühren.

4. Die Eigelbe mit einem Schneebesen schaumig schlagen. Das Püree tröpfchenweise mit dem Schneebesen unter die Eigelbe rühren, dann mit Stevia bzw. Honig süßen. Den Quark dazugeben und die Creme unter kräftigem Rühren abkühlen lassen. Die Sahne steif schlagen und unterheben. Die Erdbeercreme in eine Glasschüssel geben und im Kühlschrank etwa 8 Stunden fest werden lassen. Mit den restlichen Erdbeeren und den Minzeblättchen garnieren.

60 Minuten

133

Marmorierte Beerengrütze
Power auf die leichte Art

▶ **Eiweiß**

Für 2 Personen
Gut vorzubereiten ⏱ 15 Min.
Gelierzeit: 3 Std.
2 Blatt Gelatine · 500 g gemischte rote Beeren ·
1 kleine Zimtstange · 3 Gewürznelken · einige
Tropfen Stevia flüssig oder 1 ½ EL flüssiger Honig ·
100 g Sahne

1. Die Gelatine in kaltem Wasser 10 Minuten
   einweichen.

2. Die Früchte putzen, waschen und in einen Topf
   geben. ¼ Liter Wasser, die Zimtstange und die
   Nelken hinzufügen und alles aufkochen lassen.

3. Die Gelatine ausdrücken und unter die Grütze
   rühren. Mit Stevia bzw. Honig süßen, dann
   abkühlen lassen, in eine Glasschale füllen und
   für 3 Stunden kalt stellen. Die Sahne halb steif
   schlagen und unregelmäßig unter die Grütze
   ziehen.

Geeiste Bananencreme mit Heidelbeersauce

▶ **Kohlenhydrate**

Für 2 Personen
Gelingt leicht ⏱ 15 Min.
Gefrierzeit: 2 Std.
2 vollreife Bananen · 125 g Heidelbeeren (frisch
oder TK) · ½ TL Steviapulver oder 3 TL Honig ·
125 g griechischer Joghurt · 4 Minzeblättchen

1. Die Bananen schälen, in Stücke schneiden und in
   einem Gefrierbeutel etwa 2 Stunden im Gefrier-
   fach frosten.

2. In der Zwischenzeit frische Heidelbeeren
   verlesen und waschen, gefrorene Beeren auftauen lassen. Einige Früchte für die Garnitur
   beiseite legen. Die restlichen Heidelbeeren mit
   dem Schneidstab fein pürieren und mit Stevia
   bzw. Honig süßen.

3. Die Banane aus dem Tiefkühlfach nehmen und
   zusammen mit dem Joghurt fein pürieren. Nach
   Belieben mit etwas Honig süßen.

4. Die Heidelbeersauce auf 2 Dessertteller geben
   und die Bananencreme darauf anrichten. Mit
   den restlichen Heidelbeeren und den Minzeblättchen garniert servieren.

Himbeer-Joghurt-Götterspeise

Das Gute-Laune-Dessert

▶ **Eiweiß**

Für 4 Personen
Braucht etwas länger ⏱ 20 Min.
Zeit zum Gelieren: 4 Std.
6 Blatt Gelatine · 200 g Himbeeren (frisch oder TK) · 1 ½ EL Stevia GrooVia oder 3 EL Honig · 250 g Joghurt (10 % Fett)

1. Die Gelatine in kaltem Wasser 5 Minuten einweichen.

2. Frische Himbeeren verlesen, tiefgekühlte auftauen lassen. Einige Himbeeren beiseite legen. Die Früchte zusammen mit ½ Liter Wasser aufkochen, danach durch ein Sieb streichen und den heißen Saft dabei auffangen.

3. Die Gelatine ausdrücken, im heißen Himbeersaft auflösen, mit Stevia bzw. Honig süßen.

4. Die Götterspeise in eine Glasschale füllen und im Kühlschrank mindestens 4 Stunden fest werden lassen. Danach den Joghurt unregelmäßig unter den Himbeersaft rühren. Mit den restlichen Himbeeren garnieren.

60 Minuten

Heidelbeerkompott mit Vanillepudding

Naschkatzen aufgepasst

▶ **Kohlenhydrate**

Für 4 Personen
Gut vorzubereiten ⏲ 25 Min.
Kühlzeit: 1 Std.
350 g Heidelbeeren (frisch oder TK) · 4 EL Honig ·
1 EL Speisestärke · 1 Päckchen Vanille-Pudding-
pulver · 500 ml Sojamilch · einige Sahnetupfer

1. Frische Heidelbeeren waschen, gefrorene antau-
en lassen. Die Beeren in einen Topf geben und
gut mit Wasser bedecken. Mit 1 Esslöffel Honig
süßen und alles einmal aufkochen lassen.

2. Die Speisestärke mit wenig kaltem Wasser glatt
rühren und unter die Heidelbeeren rühren.
Nochmals aufkochen, dann von der Kochstelle
nehmen und auskühlen lassen.

3. Das Puddingpulver mit 10 Esslöffeln Sojamilch
verrühren und mit dem restlichen Honig süßen.
Die restliche Sojamilch zum Kochen bringen,
dann von der Kochstelle nehmen und das
angerührte Puddingpulver einrühren. Den
Pudding nochmals aufkochen und unter Rühren
1 Minute leicht kochen lassen. Anschließend das
Dessert in eine Schüssel geben.

4. Das Heidelbeerkompott auf dem Pudding
gleichmäßig verteilen und etwas einsinken
lassen. Das Dessert gut gekühlt, mit Sahne-
tupfern garniert, servieren.

Sauerkirschsuppe mit Joghurtnocken

So richtig lecker und fruchtig

▶ **Eiweiß**

Für 2 Personen
Gut vorzubereiten ⏲ 40 Min.
Zeit zum Gelieren: 1½ Std.
1 Blatt weiße Gelatine · 125 g Joghurt · 2 EL Zitronensaft · 1 TL Steviapulver bzw. 3 EL Honig ·
400 g frische Sauerkirschen · 1 Zimtstange ·
3 Nelken · 3–4 Messlöffel Biobin · 1 TL Zimtpulver ·
einige Minzeblättchen

1. Die Gelatine in kaltem Wasser 5 Minuten einweichen. Den Joghurt mit dem Zitronensaft verrühren. Die Gelatine ausdrücken, in einem kleinen Topf erhitzen und unter den Joghurt rühren.
Mit der Hälfte Stevia bzw. Honig süßen. Anschließend im Kühlschrank 1½ Stunden fest
werden lassen.

2. Die Kirschen entsteinen, in einen Topf geben
und gut mit Wasser bedecken. Zimtstange,
Nelken und restliches Steviapulver bzw. Honig
dazugeben und einmal aufkochen lassen. Die
Suppe von der Kochstelle nehmen, Zimtstange
und Nelken entfernen.

3. Das Bindemittel einrühren und nochmals kurz
aufwallen lassen. Die Kirschsuppe im Kühlschrank gut abkühlen lassen.

4. Von der Joghurtmasse mit 2 Teelöffeln kleine
Nocken abstechen und in die kalte Suppe geben.
Die Suppe mit dem Zimt bestäuben und mit den
Minzeblättchen garniert servieren.

60 Minuten

Stichwortverzeichnis

Stevia-Produkte erhalten Sie über:
Peter Grosser
MEDHERBs
Aunelstr. 70
D-65199 Wiesbaden

Fon 0049 611 / 8 46 00 15
Fax 0049 611 / 2 04 69 00
E-Mail: info@medherbs.de
www.medherbs.de

Rezeptregister

**Bibliografische Information
der Deutschen Nationalbibliothek**
Die Deutsche Nationalbibliothek verzeichnet
diese Publikation in der Deutschen National-
bibliografie; detaillierte bibliografische Daten
sind im Internet
über http://dnb.d-nb.de abrufbar.

Programmplanung: Uta Spieldiener

Redaktion: Annette Barth
Bildredaktion: Christoph Frick, Annette Barth

Umschlaggestaltung und Layout:
Cyclus · Visuelle Kommunikation, Stuttgart

Bildnachweis:
Vordere Umschlagseite: Dominique Loenicker,
Stuttgart
Hintere Umschlagseite: Chris Meier, Stuttgart
Fotos im Innenteil: Bananastock: S. 29;
Gaurier/Photocuisine: S. 8; Norbert Hellinger,

München: S. 2, 6, 25, 63; Dominique Loenicker,
Stuttgart: S. 3; Chris Meier, Stuttgart: S. 26,
27, 30, 32, 37, 40, 43, 44, 47, 49, 51, 56, 58,
62, 65, 66, 71, 72, 77, 80, 85, 90, 95, 98, 103,
104, 107, 111, 112, 116, 121, 124, 126, 129, 133,
135, 136; MEV: S. 21; Onoky: S. 4/5, 10, 15, 17
Die Personenabbildungen im Buch sind
gestellt.

© 2011 TRIAS Verlag in MVS Medizinverlage
Stuttgart GmbH & Co. KG
Oswald-Hesse-Straße 50, 70469 Stuttgart

Printed in Germany
Satz: kaltnermedia GmbH, Bobingen
gesetzt in: InDesign CS5
Druck: Offizin Andersen Nexö Leipzig GmbH,
Zwenkau

Gedruckt auf chlorfrei gebleichtem Papier

ISBN 978-3-8304-3871-7   1 2 3 4 5 6

SERVICE

Liebe Leserin, lieber Leser,

hat Ihnen dieses Buch weitergeholfen? Für Anregungen, Kritik, aber auch
für Lob sind wir offen. So können wir in Zukunft noch besser auf Ihre
Wünsche eingehen. Schreiben Sie uns, denn Ihre Meinung zählt!

Ihr TRIAS Verlag
E-Mail Leserservice: heike.schmid@medizinverlage.de
Lektorat TRIAS Verlag, Postfach 30 05 04, 70445 Stuttgart,
Fax: 0711 89 31-748

Ihr persönlicher Kontakt zur Autorin

Weitere kostenlose Informationen rund um das Abnehmen erhalten Sie bei:
Trennkost-Club Ursula Summ, Buzon N° 356,
Calle Patricio Ferrandiz 40, E-03700 Denia/Alicante, Spanien,
Tel. (0034) 966 421 120, Fax (0034) 965 784 715;
E-Mail: summ@trennkost.de; Homepage: www.trennkost.de